大学体育有效教学艺术

任 波 李广国 著

吉林科学技术出版社

图书在版编目（ＣＩＰ）数据

大学体育有效教学艺术 / 任波, 李广国著.-- 长春:
吉林科学技术出版社, 2020.9
ISBN 978-7-5578-7585-5

Ⅰ. ①大… Ⅱ. ①任… ②李… Ⅲ. ①体育教学－教
学研究－高等学校 Ⅳ. ①G807.4

中国版本图书馆 CIP 数据核字(2020)第 189108 号

大学体育有效教学艺术

著	任 波 李广国
出 版 人	宛 霞
责 任 编 辑	张 超 张延明
封 面 设 计	青岛金石文化科技有限公司
制 版	青岛金石文化科技有限公司
幅面尺寸	185 mm×260 mm
开 本	16
印 张	12.75
印 数	1-1500
字 数	200千字
版 次	2020年10月第1版
印 次	2021年5月第2次印刷

出 版	吉林科学技术出版社
发 行	吉林科学技术出版社
地 址	长春净月高新区福祉大路5788号出版大厦A座
邮 编	130118

发行部传真 / 电话　0431-81629529　81629530　81629231
　　　　　　　　　　81629532　81629533　81629534
储运部电话　0431-86059116
编辑部电话　0431-81629517
印　　刷　保定市铭泰达印刷有限公司

书 号	ISBN 978-7-5578-7585-5
定 价	45.00元

前　言

  体育是学校教育的重要组成部分，而大学体育又是学校体育的最后阶段，是连接学校体育与社会体育的桥梁。大学体育阶段是学生树立终身体育思想、形成终身体育锻炼能力的关键时期。大学体育教学的成功与否，直接影响到教育对象参与体育锻炼的动机和终身体育思想的正确树立。在近几年来，随着我国高等教育的不断发展和进步，学校体育作为大学教育中不可或缺的一部分，其教学质量的高低，对促进学校体育教学的顺利发展与改革起着重要作用。

  作为大学教育的重要组成部分之一，大学体育既是一门学科，又是保障学生身心健康发展的一项十分重要的工作。新时期下的大学体育教育必须适应时代的需要，培养德智体美全面发展的建设者和接班人，当今的大学体育教学应该旨在培养大学生体育锻炼的思想意识，增强学生对体育这门学科的学习兴趣，让学生养成加强体育锻炼的良好的健康习惯。

目　录

第一章 当前大学体育教育的发展状况

大学体育教育是现代高等教育的一个十分重要的组成部分，不仅进行各项体育训练和教育教学，而且有着很大的社会和发展价值。体育教育和体育训练可以有效增强学生身体素质，促进生理与心理的协调发展。而且在繁重的课业负担之余进行有效的体育训练也能够起到舒缓紧张和疲劳的作用，具备休闲性和娱乐性的功能。随着我国高等教育事业的不断前进，我国近年来在体育教育方面的投入也在不断增加。但是尽管如此，当前大学体育教育的状况依然有很大的进步空间。

第一节 大学体育教育发展现状

体育教育是现代素质教育的重要组成部分，是现代教育事业的重要一环，作用越来越显著，现今也得到了社会各界的广泛关注。在大学开展好大学生的体育教育工作，目的是为了更好地培养学生强健的身体素质和健康的体魄，为更好地进行各项学习和工作以及未来走向社会、服务社会打下牢固的基础。常言说，身体是革命的本钱，有了健康的身体才能更好地投身于社会。从20世纪50年代开始，我国各所高校就相继进行体育教育的各项改革，特别是到了21世纪，更是将体育教育摆在重要的战略地位。这是一项前无古人的教育改革，需要我们在不断摸索和探索中寻找出一套适合的改革方案，促进体育教育的优化和发展。

一、大学体育教育当前现状

总的来看，我国当前的大学体育教育现状不容乐观。近年来，国家大力倡导全民健身的理念，为了能够满足不同学生群体的需要，高校需要积极进行改革。但是我国的高校体育教育与西方发达国家相比仍然有着很大的差距，下面简要分析我国大学体育教育的现状与存在问题。

1. 重视力度不够，教育目标不清晰

目前，受到很多传统教育教学思想的影响，很多高校仅仅只是注重学生的智力能力相关课程的教育，很多学生也有着体育课是副课这样的思想，认为学不学都是没有关系的。在经历过高考进入到大学进行深造的时候，就更加不愿意浪费时间在这样的副课上，认为这会影响到自己的学业。因此很多学生学习体育没有积极性，教师也正好乐得其所，普遍的重视力度不够，导致当前的大学生身体素质水平急剧下降。身体素质水平也间接地影响到了其他的素质和能力，对以后的发展极为不利。

其次，鉴于普遍重视程度不够，因此很多高校的体育教学目标不清晰，没有明确的目标定位。虽然国家大力倡导对体育教育进行改革，也正在落实各项措施。但是在实际的操作过程中，仍然摆脱不了传统目标的束缚，照搬照抄原来的教学目标，不能适应时代的发展需要。更有甚者直接将其他学校的优秀经验直接拿来，没有充分考虑到本校以及本校学生的实际情况，没有展示出本校的体育特色，因此目标界定模糊，影响教学质量和水平。改革停滞不前，教育观念落后。

2. 大学体育教学课程设置不合理

大学体育是一门重要的专业课程，该门课程注重和实践的联系，注重与时俱进。体育课和其他的文化课程相比相对具有一定的娱乐性，因此更应当提供丰富的教学内容，以此来发展学生的综合素质，而体育课程本身在高职院校中是一门难度较高的课程，因此就更需要配置合理的课程体系。课程不能过多也不能过少，且课时和全年总课时应该有一定的比例。但是在实际课程时设置中，体育课程周课时量很少，一般在两节左右，课时量无法达标。有限的课程中，教师大多数也仅仅是简单授课，剩下的时间让学生自由活动，这种现象屡见不鲜，更不要提野外实训课程了。几年的学习下来，学生不仅没有得到有效的锻炼，就连实际理论知识的学习也是少之又少，难以全方位地提高素质和能力。

3.教学形式单调乏味

大学体育课程想要得到进展，各级部门、学校以及教师都需要付出一定的努力。教师在进行体育授课的过程中，一般喜欢采用灌输式的教学方法，满堂灌理论知识，不带学生深入实训。很多教师都缺乏创新精神，一味地对传统的教学模式照搬照抄，在体育训练中也仅仅是常规训练，学生觉得枯燥难以有效接收。体育课程是一门十分注重实际的课程，应当讲究理论和实践的结合，填鸭式的教学模式只会适得其反，教学形式的单调乏味是当前体育教学难以进行改革的原因。

4.体育教育经费不足

体育教学改革需要引进一批先进的体育器材，营造出一个适合的训练环境。很多高校缺乏体育方面的改革经费，体育场地狭窄，设备陈旧，器材不足，改革只是口头说说，难以真正实践，仅仅是流于形式，因此学生在体育课堂上难以真正学习到体育知识、进行有效的体育训练。

二、大学体育教育发展策略

1.注重个体差异，因材施教

每一位学生的个体素质是存在很大的差异的，接受程度和发展程度也良莠不齐，大学体育授课基本上是以班级为单位进行授课，班级授课制难以发挥学生的主体性，很难做到因材施教，无法细致地观察到学生的个别差异，长期下去只会造成更大的差距，学生差距的拉大难以适应改革的需要。因此在实际的教学中，应当在班级授课制的前提下，增设一些小单位的课程，一对一或者一对多进行授课，小班教学，尽可能地做到重视每位学生的个体差异。同时尽可能地针对每位学生的特质设置不同形式的课程，真正做到因材施教。

2. 强化对学生体育意识的培养

为了使得体育课程能够有效实施，就更需要注重对教师和学生体育意识的培养。要做到对大学体育教育的改革，应该讲究课程和时代发展的结合，注重和实践的结合，体育课程的开设是为了能够锻炼学生的体质，培养学生的综合素质，强身健体。因此在进行教学改革的过程中，应当更加注重学生的体育能力的养成，强化体育训练和体育意识，引入休闲体育。

3. 强化师资力量，政府加大投入

教师是专业课程发展、改革和创新的主体，教师在课程改革中的地位举足轻重。要想不断地提升体育教学的水平，促使大学体育教学的改革，教师应当起到带头的作用，引领改革的潮流。教师作为教学第一线，需要掌握先进的时代理念和知识，具备先进的思想和价值观，掌控时代发展趋势，能够率先接收新的事物，只有这样才能够起到领头羊的作用。政府和学校应当更加重视对教师的培养和训练，应当强化师资力量，打造出高素质的师资队伍。必要时应当引进先进的教育人才，引进他校甚至是他国的先进体育教育理念和举措。当然，在进行大学体育教育改革的过程中，缺少不了资金的支持。高校在对各种项目的经费进行分配的时候要适当地对体育教育进行倾斜，优化体育设施建设，完善体育场地的建设，在课堂上尽可能地引进先进技术。技术是进行改革的前提，高校应当紧跟时代的发展步伐，引进诸如运动检测器材的相关信息技术，国家也应当加大体育方面的投入。只有这样才能进行有效的体育教育改革，学生才能真正提升自身的体育知识和体育技能。

三、结语

综上所述，大学体育改革已经是一项不可逆转的趋势。但是在改革和发展过程中，我们面临着一系列的问题，有着很多的不足，面临着巨大的困难。因此，需要我们总结经验，吸取教训，真正了解大学体育教育目前的状况，找出问题关键所在，并不断探索出一条体育教育发展的新道路。

第二节　体育在教育中的地位和作用

学校体育是学校教育中必不可少的重要组成部分，是培养德、智、体、美全面发展的社会主义建设人才的一个重要方面，是学校教育过程中无可替代的重要的教育方法和手段。本文在分析体育教育功能和强身健体功能的基础上，阐明体育在学校教育中的地位和作用。

"体育一道，配德育与智育，而德智皆寄于体。无体是无德智也"，"体者，载知识之车而寓道德之舍也。"我国社会主义教育的总方针就是使受教育者在德育、智育、体育几方面都得到发展，成为有社会主义觉悟、有文化的劳动者。

一、体育功能分析

"体育是社会发展与人类文明进步的一个标志，体育事业发展水平是一个国家综合国力和社会文明程度的重要体现。在现代化建设的进程中，体育伴随着经济、社会的发展而发展。"体育能在人类社会连绵不断地存在和发展，得到了不同民族和国家人们的喜爱和广泛地认同，而且发展的活力越来越大，影响和作用也越来越大，这充分说明体育对人类社会有着重要的功能和作用。

（一）增强体质，强国强民。

这是体育的本质功能，也是体育能在人类社会中长盛不衰和持续不断存在的原因。通过体育手段来实现增强人的体质的目的，促进人自由、全面地发展。这正是体育的独特之处，也是体育区别于其他社会活动和事物对人和社会作用的根本点，并且具有不可替代的基本特征。人的身体素质是思想道德素质和科学文化素质的物质基础，也是一个民族和国家强盛的基础。毛泽东在《体育之研究》一文中指出，"体育一道，配德育与智育，而德智皆寄于体。无体是无德智也。"还指出，"体者，载知识之车而寓道德之舍也。"体育最基本的作用和本质功能恰恰是作用于一个人，一个民族的身体素质，对人民的健康和身体素质提高以及民族的强盛具有独特作用。通过体育达到增强体质，强国强民的目的，已经成为人类社会一种普遍的做法。这也是当今世界各国普遍重视体育运动的根本原因。

（二）培养人们勇敢顽强、克服困难、超越自我的意志品质。

人们在进行体育运动时，特别是在运动训练过程中，要克服许多由体育运动产生的特有的身体困难，体验到很多在正常条件下不可能获得的身体感受。这也是人们在从事其他活动过程中很难体会到的身体感受。它对一个人的内在意志品质具有特殊地培养和陶冶作用。强筋骨、强意志、调感情是体育的特殊功效，可以起到"文明其精神，野蛮其体魄"的作用。体育的这些功能对学生的意志品质的培养作用尤为重要。

（三）培养人们竞争、团结、协作的社会意识。

体育有利于人的"社会化"。竞赛是体育运动的一个最显著的特征。体育竞赛能有效地培养人们的竞争意识和团结协作精神。没有强烈地取胜欲望和良好的团结协作精神，在体育竞赛中不可能取得胜利。人类现实社会是一个充满着激烈竞争的场所，需要团结和协作精神。体育竞赛，特别是在集体项目的竞赛过程中，要想取得胜利，既要有力争胜利的顽强竞争意识，又要懂得与同伴和队友的团结协作，才可能达到目的。而体育的这种"模拟社会"的功能，是体育运动所独有的。

（四）丰富个人和社会的文化生活，提高人们的生活质量。

人们通过参加和欣赏体育运动不仅能增强体质还能够愉悦身心，丰富文化生活。世界上还没有其他任何一种活动能像体育竞赛那样有规律地举行，特别是以奥运会为最高层次的国际体育竞赛，已经成为现代人们关注的焦点和欣赏的热点。各种不同形式和类型的体育竞赛，以它独有的形式和方式为人类社会生产出丰富多彩的文化精神食粮，提高人类的生存和生活质量。群众体育的趣味性和娱乐性是体育给他们带来的特殊享受，它改变和改善着当今人们的生存和生活方式。

（五）为社会提供和构建公平、公开、公正的价值体系和价值标准。

公平是人类社会所共同追求的一种理想社会状态。竞赛是体育最鲜明的特点，通过竞赛，优胜劣败，决出名次，可以激发荣誉感，鼓舞上进心。这是其他任何形式的社会活动和手段所不能代替的。在一定意义上说，没有竞赛，就没有体育运动。体育竞赛就是在公平的规则下，在公开场合中，通过最大限度地发挥个人和集体的体力和智力，优胜者得到奖励和人们的尊重。体育运动向人们和社会所展示的以公平、公开、公正为核心的价值体系和价值标准得到了不同民族和国家的普遍尊重和推崇。

二、体育在学校教育中的地位和作用

体育在学校教育中的地位和作用，其本质来说主要决定于体育本身所特有的教育功能和强身健体的功能。

（一）体育的教育功能。

体育的教育功能，在马克思主义经典作家有关教育的著述中不止一次地论及。他们把体育视为教育不可缺少的组成部分，是培养全面发展人才的重要手段。认为生产劳动同智育和体育相结合，不仅是提高社会生产力的一种方法；而且是造就全面发展人才的唯一方法。那么，体育的教育功能到底表现在什么方面呢？

1.体育中的身体教育。

所谓身体教育，首先是指对身体的锻炼和训练，这是体育的本义，其他方面的教育都依赖于此。对于身体需经体育锻炼才会健康，需经训练才能发展其体能，这是要经过教育才能知道的，这种教育自然是只有在体育中才能进行。在手工劳动的自然经济社会里，可以不必从事专门的体育锻炼，仅由劳动本身即可获得身体健康，因此也没有必要去进行有关的身体锻炼的教育。但在现代社会里，这种教育就是必不可少的了，要从小就教育人们，使他们知道，在现今的生产、生活条件下不进行体育锻炼就难以取得身体的健康。知道了必要性，而实际去进行锻炼和训练，也需要进行教育。掌握身体锻炼的知识、锻炼的方法和技巧，使之养成终生锻炼身体的习惯，这都需要进行教育。

2.体育中的政治、道德教育。

体育不仅能够锻炼身体，创建健康的体格，而且还能够创建新的人际关系。在这种人际关系中，易树立良好的道德观念、团结合作的观念、集体荣誉的观念以及对自己行为的责任感。

3.体育中的情感、意志教育。

体育运动能使人进入一种超凡脱俗的境界，形成高尚的情操，使人的情感得到很好的调节。体育运动又是对人的意志的极好锻炼，激烈的体育竞赛对心理品质既是严峻的考验，也是锻炼、培养良好心理素质的机会。

4.体育中的智育。

体育和整个智育有着密切的关系，现代教育哲学中的"才智——情感——体力——意志——体论"认为，知识的学习过程，牵涉到人的整个活动，学习过程不仅增长人的知识、才能，而且影响人的情感、意志和身体；反之，情感、意志和身体状况也影响到人的学习过程；另外，随着现代体育的发展，随着现代体育在人类生活中的作用与意义的增强，体育知识的内容，日益深刻和复杂，在现代教育和知识体系中，体育知识的教育，已占有不同凡响的重要地位。在现今社会中，缺乏体育知识的人，是难以在复杂多样的现代体育中找到恰当的运动项目并正确地进行锻炼的，难以正确观赏丰富的现代体育竞技和表演，甚至难以对精彩美好的表演做出正确的反应。

（二）体育的强身功能。

体育是通过身体活动方式进行的，这是体育最本质的特点之一，这也决定了体育所特有的健身功能。通过体育活动可以使人头脑清醒，思维敏捷，因为体育活动能够使人的头脑获得积极性休息，改善大脑的供血情况，使大脑保持正常的工作能力；体育运动能促进血液循环，提高心脏的功能，使冠心病能够得到有效的预防。体育运动能改善呼吸系统的功能：由于肌肉活动时，需氧量增加，呼吸加速、加深，这就促使肺器官的功能得以提高和发展；运动可以促使人体的骨骼和肌肉更加粗壮，更加结实有力；运动可以调节人的心理状态，使人朝气蓬勃，充满活力；体育运动还可以提高人体对外部环境的适应力和对疾病的抵抗力；能够防病治病，延缓衰老，提高寿命。

三、体育在学校整体教育过程中的意义和作用

（一）体育在学校德育中的地位及作用。

作为教育的一部分，学校体育在传授体育运动知识、技能和增强学生体质的同时，也是培养和发展学生道德品质的重要手段。体育教学的主体是学生，由于学生活泼好动，喜爱体育活动，因而他们的思想行为、个性爱好、意志品德等在体育活动中都能最充分地表露出来。

1. 学校体育有利于加强学生的组织纪律性。

在体育教学和训练中，时时体现出严密的组织形式、严谨的竞赛规程规则、严格的技术规范；个人的意志应服从集体的需要，只有符合并遵守体育规则，个人的行为才能得到认可和发展。如在赛跑时，当发令员还未鸣枪，运动员就冲出去，便会被判"犯规"；在投掷项目的教学中，为了避免伤害事故的发生，学生必须严格遵守纪律，服从教师的安排。正是在这些规则和纪律的约束和限制下，才能让学生逐渐使自己的行为符合规范。学生通过正确处理个人与集体、自由与纪律、个性与共性的关系，从而加强组织纪律性。

2. 学校体育有利于培养学生的集体主义精神。

学校体育活动中有很多运动项目都是以集体竞赛的方式出现的，而集体项目获得成功的重要保证又在于队员之间的协调配合、统一行动，即使是一些以个人为单位参加的竞赛项目，也都与集体有密切的关系。这种协调配合、统一行动必须以积极的、健康的道德情感为基础，这种道德情感是共同的责任感、荣誉感的精神升华，是集体主义的情感基础。如球类项目获得优胜，从来就代表着集体的智慧，集体的荣誉，它渗透着参赛的每个队员及教练员的共同汗水。同时，人与人之间正常的关系以及公共生活中的基本准则也能成为学生所体验和感受，从而

促进他们形成正确的道德意识。

3. 学校体育有利于培养学生个性心理品质。

体育教学和训练具有紧张、激烈的对抗性，并伴有一定的生理负荷，它要求运动员克服和战胜各种各样的困难，在使自己的行为符合一定的道德规范和准则的情况下，为达到自己的目标，表现出坚忍不拔的道德意志。例如，田径项目可以培养学生灵活、机智的应变能力，开朗、豁达的个性；体操、武术等有利于培养学生机智、沉着、果断的自控能力等。另外，在体育教学中，每一次课在完成动作的质量、难易程度、运动负荷上都在不断地提高要求，学生在不断努力的过程中，有效地接受了勤学苦练、克服困难、坚忍不拔、顽强拼搏等的教育。因此，校园体育文化在为培养学生的意志品质方面无疑创造了一个良好的环境。

4. 学校体育有利于学生形成良好的道德品质。

在体育运动诸规则的约束下，道德行为始终沿着固定的方向发展。在体育活动中，凡表现出遵守纪律、服从裁判、尊重观众、团结同伴、尊敬教练等良好行为的运动员都会受到人们的赞赏和喜爱；反之，如动作粗野、故意伤人、无视裁判和观众，表现出个人主义的运动员，则会由于触犯体育"公德"而受到应有的制裁和处罚，引起公众舆论的谴责。在这样一种强制而又自然的环境中，学生都努力控制和约束自己的不良行为，努力表现出良好的道德风貌，为形成良好的道德品质和习惯打下基础。

5. 学校体育有利于增强学生的意志品质。

在体育运动尤其是体育竞赛中，每一项竞赛都有获胜者，然而最终获得胜利的并不多，而且赛场是没有常胜将军的，任何人都要承受挫折，经受一次又一次失败的痛苦。作为参加竞赛的主体——学生，在教师的帮助下，只有做到胜不骄、败不馁，失败了就总结经验，吸取教训，而不是一直沉痛于失败中。尤其是在比赛中，当自己落后于对手时，不气馁，顽强拼搏，才能最后战胜对手。在经受了一次又一次的失败，最后当他（她）们获得优胜后，能从中体会到胜利的喜悦。当他（她）们走向社会后，就有了通过体育运动获得的良好意志品质，能经受住竞争带来的压力，适应社会对他们的要求。

（二）体育在学校智育中的地位及作用。

生理学家巴甫洛夫说过："我毕生热爱脑力劳动和体力劳动，或许更多热爱体力劳动，当手脑结合在一起的时候，我就感到特别愉快，我衷心希望青年们能沿着这条唯一能保证人类幸福的道路继续前进"。巴甫洛夫所提出的道路，正是体力与智力结合、手脑结合、全面发展的成才之路。人体素质的提高，会改善智力条件，对学生的智能、学习成绩产生一定影响。体育锻炼不仅能促使学生身体素质的提高，确保身体健康，更能促使学生智力的发展。大量的实验证明，经常坚持体育锻炼不仅可以提高人脑的质量和皮层的厚度，增强大脑的功能，而且能养成学生敏锐的感知能力、灵活的思维和想象能力，以及良好的注意力和运用科学文化知识的能力，并为智育发展创造良好的条件。

1.体育活动可增进人体健康，提高大脑抗疲劳能力。

诺贝尔奖奖金获得者意大利著名医学家戈尔季说过："朋友你只将塞满的木柴拨动一下，火焰立即就冒上来，木柴便能熊熊燃烧起来。"读书和研究科学也是这样，如果一个劲地死啃书本，那就会把脑子弄僵了，我们也应当像烧柴一样，随时拨动木柴，通过拨动获得新鲜的氧气，使它燃烧的更充分。我们的学习、工作通过校园体育锻炼，经常调节紧张的神经，使大脑得到休息，从而达到提高大脑抗疲劳能力，使头脑清醒，精神焕发，为提高学习效率提供重要的条件。

2. 学校体育活动有助于学生智力发展。

经常参加体育运动的人，视觉、听觉等感觉器官都比较敏锐，大脑神经细胞的反应速度较快，大脑皮层的分析和综合能力也较强。据2000年全国高考学生体检统计，体育考生的视力、听力等感觉器官能力都远远高于其他考生。

3. 校园体育活动有利于发展学生的思维、判断能力。

在各种体育游戏中，学生之间相互联系、合作、对抗，不仅有利于培养学生团结协作、奋进的高尚道德品质，而且可以发展学生的思维、组织、判断、记忆能力。如在一场激烈的足球比赛中，队员们要根据场上的各种变化进行快速的思考、判断，从而迫使队员们在比赛中提高大脑分析和判断能力。

（三）校园体育文化在美育中的地位及作用。

美育是素质教育的重要组成部分。校园体育锻炼不仅有利于学生体格的强壮，动作舒展，还有利于磨炼学生顽强、坚韧、自信、勇敢、机智等品质。

1. 学校体育塑造学生的形体美。

国内许多调查表明，学校过去片面追求升学率，轻视校园体育，已对学生的身体发展造成了萎靡、迟钝、怯懦的结果。对正处于生长发育关键期的在校学生来说，通过体育锻炼能使他们的体格强壮，体形优美。例如，体操能培养学生身体的柔韧，动作的舒展；舞蹈能使学生的身材变得更加完美；球类运动能使学生们在运动中得到各种动作体验等。

2. 学校体育塑造学生的人格美。

体育以对抗和竞赛为内容，便于磨炼学生顽强、坚韧、自信、勇敢、机智等品质。而校园体育是以进步和友谊为目的，便于培养学生坦诚、宽宏、谅解、互爱等品质，以及使学生在组织性、纪律性和集体观方面得到加强和提高。从更本质的意义上说，校园体育就是在鼓励学生克服自我、战胜自我、净化自我、提高自我的过程。从而在体育行为的磨砺和体育精神的陶冶中，渐渐地形成积极、健康的心理定向，以完成人格的升华。由此可见，学校体育对培养学生的人格美起到了积极的作用。

四、结语

综合以上所述可知，体育对学校教育的意义和作用在于：学生通过体育锻炼，增强体质，对于根本上改善我国人民的健康水平、增强中华民族的体质，具有十分深远的意义。实践证明，良好的体质是保证学生顺利完成各项学习任务，未来参加社会主义建设，掌握和运用现代科学技术与生产技能的物质基础。那种把体育和文化学习对立起来，忽视体育，甚至取消体育的观点和做法是与党的教育方针相违背的、陈旧落后的教育观点；再者，开展丰富多彩的学校体育活动，能够促进社会主义精神文明的建设和发展，可以振奋学生的民族精神，移风易俗，向学生进行共产主义的思想品德教育。培养学生社会主义、共产主义、集体主义和革命英雄主义精神。培养学生勇敢、顽强、坚毅的意志品质和优良的体育道德作风；同时，广泛开展学校群众性的课外体育活动，这是学校业余文化生活的一个重要方面，它能够　调剂精神、消除学习后的疲劳，有利于提高学生的学习和工作效率；另外，开展良好的学校体育，是我国社会主义体育事业的基础。

大学学校体育的开展可以使我国新一代青年的身体和身心得以健康的发展。学习锻炼身体的基本技能和知识，养成终生对体育锻炼的兴趣和习惯。开展学校体育，可以为国家发现、培养和输送一批又一批的体育竞技人才，为国家体育师资的培养提供先决条件，并反过来又为学校体育的开展提供必要的师资保障，使学校体育工作得到进一步的全面发展和提高。

第三节 体育对大学生健康的重要作用

大学生是我国社会主义现代化建设的主力军。在对大学生体质进行调查的过程中，我们发现大学生体质呈现明显的下降趋势。大学生体质下降的原因不仅仅是学校的关系，更是一个严重的社会问题。涉及了大学生的家庭教育、社会运动环境、学校对体育锻炼的重视程度等诸多因素。思想决定行为，一直以来，人们只重视成绩，不注重体育，导致大学生体育锻炼观念淡薄，所以必须推进大学生体育锻炼的系统性工程。这一目标的实现需要全社会的共同努力，家庭和学校也要共同配合。大学生进行体育运动，最根本的还是培养大学生自己锻炼的意识。

生活压力不断增大，最受影响的就是大学生的身心健康。尤其是面对就业方面的压力。社会竞争日益激烈，大学生的身心始终处于高度紧张状态，这就直接影响了大学生的身体健康。大学生的体质呈明显下降趋势，心肺功能也受到极大影响。甚至集体的爆发力、持久力也呈现下降趋势。我国大学生的身体素质整体不容乐观，肥胖率、近视率都明显提高。大学是学校与社会的链接，如果大学生的身体素质差今后就很难在激烈的社会中生存下来。所以，必须对大学生体质下降的原因做出相应的干预程序，促进大学生体质的提高。

一、影响大学生身体健康的因素

（一）大学生自身原因对身体健康的影响

第一，个人的不良生活方式对身体健康的影响。因住集体宿舍，同学相互间干扰大，睡眠时间和睡眠深度都无法得到保障。根据调查，睡眠困难，睡眠片段化以及早醒等睡眠障碍的学生约占32.5%。一些学生在饮食卫生方面存在问题，如，饥饱无节制、暴饮暴食、抽烟喝酒，甚至有学生出现酒瘾、烟草依赖等。有学生玩网游戏、看电影、看书等至深夜两三点钟，才休息，致使早晨难以起床，影响吃早餐及上课，而且长此以往，会严重影响身体健康。

第二，无自觉锻炼身体的习惯。有相当部分大学生没有主动锻炼身体的意识。他们虽然对各类体育比赛很关心，很热衷，但自己却很少有主动锻炼身体的行动。每日重复着宿舍、食堂、教室三点成一线的单调生活。有学生在学校的体育测试中，测试几次都无法通过，甚至出现有学生找人代测的现象。根据调查数据：课余锻炼身体时间，按每次30分钟计算，约有24%的男生每周仅锻炼2次，有18%的男生根本就不参加锻炼；女生每周活动2次以上的仅占10.5%，有31%的女生认为锻炼身体没有必要。

第三，缺乏自我保健意识。根据调查：当代大学生对运动保健、心理保健、卫生保健和营养保健等方面懂的知识甚少，更无从谈自身的保健。对如何适应环境、适应社会等更是缺少基本知识和基本技能。大学生普遍缺乏自觉地进行行之有效的自我保健和自身调节，克服心理障碍，提高身心健康的综合的素质与技能。

（二）家庭因素对大学生身体健康的影响

第一，独生子女，一方面使父母更有精力和条件倾注孩子的培养与教育，致使孩子在物质生活方面，几近达到"衣来伸手，饭来张口"的境遇；另一方面，孩子的前途与未来常是父母心头之虑。父母在孩子身上寄托着无限的期望，"望子成龙，望女成凤"心理空前强烈。父母不仅将自己许多未了心愿寄希望于孩子身上，而且，时刻鞭策其要"青出于蓝，胜于蓝。"父母对子女的期望与社会对其职业结构的要求形成极大的反差，引起求学路上的激烈竞争，众多家长不惜财力、物力、人力对孩子施以"英才教育"。而这种教育具有重智力、轻能力，重分数、轻心理的倾向，因而违背身心发展规律，导致许多学生进入大学后，缺少生活的自理能力，而且心理承受能力差，影响身体健康。

第二，家庭经济条件对大学生身体健康的影响。家庭经济条件是学生健康成长的重要保证，大多数家庭经济条件能够保证学生吃饱、穿暖，即经济生活没有问题。但有些学生家庭生活困难，学生生活十分节俭，这些学生往往一方面学习刻苦、勤奋、努力，争分夺秒地学习，其他方面也不甘落后，争强好胜心理较一般学生更强，每日身心用到极致；另一方面生活却十分节俭，能凑合就凑合，为节省花钱，有的学生只吃主食，买最便宜的菜，或仅买半份菜，或仅吃咸菜。头痛脑热从不在意，能挺过去就挺过去，能坚持就坚持，很少就医吃药。这些学生在学习等方面十分勤奋、刻苦，而生活上又过度节俭，一定程度上影响了其身体健康。家庭贫困的学生容易产生自卑、忧虑等不良心理。有些家庭经济条件好的学生，花钱无节制，挑食，觉得食堂饭菜不好，就吃饭店，有时饥一餐，饱一餐，甚至抽烟、酗酒、终日泡网吧等。

第三，独生子女家庭缺少对学生的引导，教育，致使学生不适应大学的学习与生活。有些学生自幼缺少与兄弟姐妹生活与交流的条件，自幼生活在父母和祖父母或外祖父母的疼爱之中，娇生惯养，形成了任性、挑食、生活不会自理等毛病。在这种环境中成长起来的大学生，缺乏在多维人际关系中锻炼的机会，缺少义务感，缺少集体观念和协作精神，容易孤僻、独断等不良习性。进入大学后，远离父母，一时间生活缺少了依靠，生活难以自理；唯我独尊，缺少包容心理，无法与同学融洽相处，无法适应集体生活。

（三）学校因素对大学生身体健康的影响

第一，学校生活环境的影响。近些年，随着招生规模的扩大，有些学校硬件设施严重不足，生活空间狭小，教室、宿舍过于拥挤。锻炼身体实施落后、缺乏，场地狭小。饭堂、厕所的卫生设施缺乏，学校医疗卫生设施落后，缺乏起码的服务精神。一些高校盲目扩招，学校硬软件无以为继，学校拥挤不堪。

第二，学校教育方式的影响。教学内容严重脱离实际，不适应社会发展，且枯燥乏味，学生上课无精打采，失去学习的兴趣。考核过度重视知识的死记硬背，忽视学以致用和能力的培养。学习负担过重，压力过大，致使学生长期处于紧张状态。高校的教育方法简单，教育方式随心所欲；体育锻炼时间过少，锻炼场所拥挤，收费场地日益增多，大学生离普及体育锻炼相去甚远。大学校园中文化活动不多，才艺活动甚少，无法丰富学生的业余生活。在一些高校里，夜晚上网玩游戏、看网络电影蔚然成风。

第三，学校精神生活的影响。高校的精神环境是大学生健康生活的基础，又是对学生进行健康教育的重要资源与手段。但高校里的不良风气的持续蔓延，正在影响着大学生的身心健康，如，大学生中的消费攀比、社会上的腐化风气都在影响着高校，致使一些大学生不注重脚踏实地、刻苦钻研，而热衷于投机取巧，谋取捷径。

（四）社会因素对大学生身体健康的影响

第一，社会风气的影响。当代中国社会处于急剧的社会转型期，在滚滚而来的经济大潮面前，传统的价值观念和道德观念受到了前所未有的冲击和挑战，引起人们价值观和道德观的变化，随着经济生活的不断发展、变化，作为人的基本的道德观念和价值观念显然具有鲜明的传承性、指导性和不可动摇性。然而，在商品经济的大潮中，一些人却丧失了为人之基本准则，变得唯利是图、急功近利、投机钻营、阿谀奉承。社会中的腐化、堕落、奢华之风的侵蚀、蔓延，影响着大学生的生活观念，体现在一些学生的生活作风上，影响了健康成长。

第二，社会传播媒介的影响。根据调查，不良生活方式以及违法行为，多与传媒中的不健康的书刊、色情与暴力的影视、低级庸俗的音像制品、色情网站等所传递的不健康信息密切相关。大众传播媒介所倡导、宣传的观点和思想，对大学生的思想意识起着十分重要的作用。青年学生正处于人生观、世界观和价值观形成时期，青春激荡，色情、网络游戏和暴力凶杀等对大学生身心健康影响巨大，净化大众传播媒介，使其保持健康向上的宣传，将对大学生身心健康发挥重要作用。

第三，社会环境的影响。社会尚未营造出有利于大学生健康成长的环境，社会一些人为了赚钱，根本不考虑是否有利于青年学生的健康成长，行政管理部门往往工作力不大，致使在一些高校的周围，黑网吧、情侣旅馆、毫无卫生条件的"麻辣烫"，星罗棋布；兜售劣质商品的小商小贩层出不穷。

二、体育对大学生健康的重要作用

大学生的体质是说的大学生的身体健康质量。它既是包括先天因素，也有后天锻炼的影响，是一个综合性的体育指标。现状的健康定义早已不再局限于身体上没有疾病，也包含心理上的健康、人际关系上的健康、道德水平的健康等，是一个综合的性能指标。健康虽然不等于体质，但是二者之间是一个互相联系的有机整体。只有健康的身体才能保证良好的体质，但是体质的健康不仅受到自身条件的影响，还会受到环境、卫生、饮食、习惯等诸多方面的共同制约。

（一）大学生体质健康下降的紧迫性

大学生体质下降是一个严重的社会问题，但是人们总是误以为大学生体质的下降是由于我国体育教育事业出现了方向性的问题。但其实不然，随着我国近几年在国际赛事中取得了优异的成绩，这种质疑声音越来越少。但是，我国普遍存在重竞技而轻视体质的问题。一些专家认为我们应当减少金牌意识，加大大学生体质的提高。这种观点认为大学生体质差是由于运动健康不科学造成的，我国提出来的全民健身不能满足国民健身的需要，所以才导致了大学生体质持续下降的情况。而与此相反的是我国近几年在国际赛事上取得的优异成绩，他们认为这是由于我国的体育战略出现了问题。成这种质疑的原因是人们单纯地将大学生体质下降当成是一个体育的问题。虽然说增加体育锻炼可以提高大学生的体质，但是也要考虑，究竟什么原因造成了大学生体质下降，为什么大学生会缺乏体育锻炼。

（二）体育教学与高校大学生体质健康干预责任的关联性

对于大学生体质下降的趋势， 大学要负一定的责任。所以，我国一直在进行大学的体育教育改革。因为我国的大学体育一般只有大一大二才有，每周也才只有一节课，严重影响了大学生体育锻炼的要求。而且我国在执行大学生体质标准以来，从来没有出现大学生体质不达标的情况。这些都引起了社会对于大学对大学生体质下降应该负有责任的呼声。但是，对于大学生的体质下降，也不能全部由大学来买单，因为大学生体质下降是一个社会问题，如果全部怪罪在大学的体育层面上就有失偏颇。大学生是一个社会的中坚力量，他们代表了社会的知识分子阶层，如果大学生的体质下降势必会影响整个国家在国际上的竞争力。所以，社会必须高度重视大学生体质下降的问题。应该从家庭教育开始抓起，目前由于父母只是片面地强调孩子的学习成绩，而忽略了对于孩子体育锻炼习惯的培养，导致大学生缺乏自主锻炼的动力，对体育课有抵触的情绪。

（三）学校体育与提高大学生体质健康水平的关系

对于提高大学生的体质，高校肩负着重要的责任，由于大学生自主锻炼的欲望较低， 所以，高校要加强对大学生的体育教育干预。体育教育干预的目的是为了提高每一个大学生的体质健康，让大学生拥有强健的体魄，将来步入社会后可以承受社会上的各种压力，有效地实现自身的价值。高校的体育教育干预要从以下几点入手：第一，要转变传统的教育模式，以素质教育为主，将体育教育纳入大学生评价体系中来。第二，要减轻大学生的负担，给大学生充足的时间进行体育锻炼，合理地安排文化课与体育课之间的时间分配，不能重知识而轻体育。第三，对于目前大学生的体质问题有针对性地进行体育教学干预，让大学生养成良好的体育锻炼习惯，形成自主进行体育锻炼的意识。第四，加强健康教育的宣传，让大学生意识到健康的重要性，更加注重饮食搭配，合理安排自己的作息时间。第五，积极改善高校的体育设施，将陈旧的设施替换掉，并且增加一些符合当代大学生体育锻炼需要的体育器材，增加体育课程的灵活性，为高校的体育课程注入活力。通过对高校体育教育的干预，努力让大学生摆脱亚健康状态，提高学生体质。

1.学校体育对大学生体质健康状况的干预措施

高校对于大学生体育教育的干预，要以提高大学生的体质为主，实现全面素质教育为辅。高校的体育教育有着多重功能，比如强身健体的功能，情感宣泄的功能，素质教育的功能等等。而对大学生进行体育教育干预活动，其重点在于提高大学生自　主进行体育锻炼的意识，让大学生从静的生活状态走出来，进入到一个动的生活状态之中。以促进大学生的身体健康为最终目的，积极转变教育理念，将简单地完成体育教育任务，转变成帮助大学生树立健康意识，终身体育锻炼的意识。

2.构建多样化的课程教学模式，丰富教学内容

体育教育的干预要以发挥大学生主观能动性为出发点，积极开设多种教学模式，让大学生可以选择自己感兴趣的模式，从而喜欢上体育锻炼。目前我国大学生由于长期缺乏体育锻炼，导致体质较差，针对这样的问题，体育干预就要有针

对性地进行，根据实际情况来安排体育课程，逐步培养大学生的体育意识和运动技能。在进行教育干预时，可以从大学生的兴趣入手，多开设大学生喜欢的课程，如女生比较喜欢的健美操，瑜伽等课程，先将大学生吸引到体育的课堂中来。对于教学内容要尽量选择有一定对抗性和力量练习的授课内容，提高大学生的体育竞争意识，比如多进行一些足球比赛，篮球比赛，增强大学生的团队精神等，这些干预活动对增强大学生体质有一定的作用。

3. 完善评价方法和考核标准

通过建立一定的体育标准来对大学生进行体育教育干预。我国已经出台了大学生体质健康标准，通过这个评价标准，让大学生意识到只有进行一定的体育锻炼才能达到标准，才能促进自身体质的改善，达到健康的水平。同时应该改变我国体育评价的单一性。在我国体育评价仅仅是考核大学生的运动技能，这会使一些体质差的学生由于技能不达标而惧怕体育课，对体育产生恐惧心理。所以高校的体育干预要改变评价体系，从运动技能，身体素质，体育参与程度理论知识这四个方面进行综合的评价。当然，这其中要以大学生的身体素质状况为主要考核内容，提高大学生对于身体素质的重视程度，强迫学生进行体育锻炼。此外，还应该给大学生建立身体素质的档案，在每学期初都为大学生进行身体素质的测量，经过一学期的体育锻炼以后，再对大学生进行一次身体素质的测量，对前后两次的数据进行对比，根据身体素质的提高情况来进行分数的评价。

4. 让体育锻炼成为大学生的生活方式

通过体育教育的干预活动，不是为了让大学生取得良好的体育成绩，真正的目的是要让大学生养成以体育锻炼为主的生活方式。只有养成了健康的生活方式，在离开校园后大学生才能继续进行体育锻炼，才能持续保持健康的生活状态和强健的体魄。为了达到这一目的，高校仅仅依靠体育课堂上的教学是远远不够的。体育教学的干预仅仅是强迫大学生进行体育锻炼来达到应有的考核标准，通过这种强制干预的教学过程，只能达到让大学生养成体育锻炼的习惯，但能否持久还要依靠大学生的锻炼意愿。所以高校要加强对于提高身体素质的宣传，让大学生明白进行体育锻炼不仅仅是为了取得好的体育成绩，更是为了将来步入社会后能够较好地适应社会环境，如果没有健康，再高的知识水平都没有用武之地，让大学生形成终身锻炼的思想，积极主动地参与到体育锻炼中来。所以，学校要加强生理卫生课，健康知识等的普及，帮助大学生树立运动观念。同时高校也要加强对基础体育设施的投入，包括运动场地，环境等的建设，打消大学生对于体育运动的排斥心理，建立大学生体育锻炼的良性循环。

三、结语

综上所述，健康是人类追求的永恒的话题。一个社会的发展离体育游戏不仅可以有效发展大学生的形象思维及运动表现能力，还有助于培养大学生的观察力、记忆力和判断力，从而促使大学生的思维更加活跃，提高其认识能力及解决问题的能力。

第二章　大学生体育道德的建设

体育道德是规范人们体育行为的一种自律性内在约束，是人们在体育活动中相互关系的直接反映。目前，我国的教育环境正发生着深刻的变化，大学体育工作者面临着前所未有的挑战。应当创新大学生思想教育工作，转变其教学方法与手段，加强大学生思想教育的实效性，这样才能有效推进学校体育健康发展。大学生是高素质的知识载体，也是参加体育活动的重要群体。对他们加强体育道德教育，不仅有利于他们的健身锻炼，同时还有利于发挥出他们在遵守体育道德方面的榜样力量与辐射效应，营造出和谐融洽的体育环境。

第一节　体育道德概述

在体育教学中，使学生明确体育道德是社会道德的一部分，是个体的品德（思想道德品质）在体育活动中的反应，良好的体育道德是一个国家和民族精神文明的具体体现，一个没有强大精神支柱的民族，不可能自立于世界民族之林，任何体育比赛都需要有强大的精神动力作为支持。充分挖掘体育的德育功能，探讨大学生体育道德素质教育内容与素质教育深入化的新体系，是当前高校体育领域全面推行素质教育是具有前瞻意义与现实意义的。

一、体育道德含义

体育道德，是体育运动中各种社会角色的行为规范的总和。体育运动作为一种社会影响极广的职业，运动员、教练员、裁判员对外作为我们国家的优秀代表，对内作为社会大课堂的"教员"，对他们进行职业道德教育非常重要的，中华人民共和国体育运动委员会于1981年颁布了《运动员守则》、《教练员守则》和《裁判员守则》，提出了明确而具体的要求，这是加强体育职业道德教育，加强体育队伍思想政治工作，建设社会主义精神文明建设的有效措施。

体育的一个重要特点是公平竞赛，竞赛中要有争取优势的雄心壮志，但又要注意培养有关竞赛的道德，做到胜不骄，败不馁，尊重裁判，尊重对方与同伴协作等。

二、体育道德与社会公德一脉同源

体育的职业道德与社会主义的公共生活准则，即社会公德有着密切的关系。比如，五讲四美是我国人民普遍遵守的社会公德，运动员，教练员都应当做到五讲四美。因为在国际交往中，他们不仅是某一个运动队的代表，而且是优秀的中国公民的代表，外国人正是从他们的一言一行中体察中国人的　精神风貌和品格，从而了解我们的民族和人民，从这一点我们可以说，运动员，教练员的个人品德如何，在某种情况下是具有国际影响的，我国的一些优秀教练员，运动员，在国际比赛中表现出来的高尚品德，被国际体育界的朋友赞为"最可爱的中国人"，在最激烈的竞争中，他们表现了"大国风度"，"大将风度"为祖国赢得了声誉。今天，在我国强调社会主义精神文明教育的战略方针指引下，重视对体育队伍的思想品德教育，职业道德教育和社会公德教育，更具有重要的现时意义。但是，我们还无法杜绝违反体育道德的行为。

三、体育道德规范

体育道德规范是：热爱体育事业，勇攀世界高峰；刻苦训练，钻研技术；不伤对手，公平竞争，尊重裁判；对教练工作认真负责，做好日常训练、临场指挥和赛后总结；裁判执法公正等。

第二节 体育竞赛规则与体育道德之间的关系

在2012年伦敦举行的第三十届夏季奥运会上，中国代表队获得了奖牌总数第二的好成绩。其中在羽毛球项目上中国队更是历史性的包揽了全部的五枚金牌。值得注意的是，在女双项目赛程中，有来自三个国家的 4 对羽毛球选手因消极比赛被取消参赛资格，引发了有关体育道德的争议性讨论。本文将对这一事件的前因后果进行剖析，对体育道德与体育竞赛规则之间的关系进行分析，旨在为我国职业化体育的道德建设提出合理化建议。

一、 体育道德的范畴

1. 何为体育道德

所谓体育道德，是指体育运动中各种社会角色的行为规范的总和，是体育工作者以及一切体育活动爱好者，在从事体育竞赛和参与体育活动时所应遵循的行为规范和准则。体育伦理学认为，体育道德包括社会体育公德和体育职业道德，进而体育道德划分为运动员道德、教练员道德、裁判员道德、体育教师及科研人员道德、体育相关行业人员道德和体育观众道德等等。

2. 体育道德的意义

随着竞赛运动的快速发展，特别是在体育受到政治化、商业化、极端个人主义和金钱万能思想的干扰下，竞赛体育道德观念正在不断弱化。为了保证公平竞赛和运动成绩的可比性，运动员、裁判员等从事竞赛体育运动的人员必须遵守体育道德。然而为了"赢得"或"保持"比赛胜利，取得更多自身利益，很多从事体育工作的人员将竞赛中公平竞争道德原则置于脑后，从运动项目参赛的各个环节控制着本应该公正、公平的比赛，操纵着比赛结果。如果体育道德得不到发扬，体育从业人员不能够进行严格的自我道德约束，那么体育事业的发展将受到严重的阻碍甚至是毁灭性的打击。

二、 体育竞赛规则的制定

1.何谓体育竞赛规则

体育竞赛规则，即参加运动项目比赛应共同遵循的相关规定，包括：裁判员职责、比赛通则、裁判方法、得分、违例、犯规的评定、场地、设备和器材的规格等等。体育竞赛规则是体育比赛的各种事件处置过程中能够遵循的唯一标准。

2.体育竞赛规则的制定

体育竞赛规则的制定，是由该项运动的国际联合会根据本项运动的技、战术特点和发展趋势研究制定并向世界各会员国的体育联合会（或协会）进行公布。竞赛规则是实现公平竞赛的主要保证，任何竞赛都必须由统一的规则来约束。随着各体育项目的不断发展与完善，相应的竞赛规则也完善和细化起来，并且在制定过程中突出了一些特征，可以概括如下：

（1）反项目垄断：这是指当一个国家或地区的某项运动竞技水平明显高出国际水平、导致比赛的观赏性和竞争性下降时，规则制定者将会通过对竞赛规则的修改来维持强、弱国（队）之间的相对平衡，如：百度中国乒乓球运动员在速度和旋转上明显强于其他国家和地区运动员，致使该项目缺乏挑战性和竞争性，降低了比赛观赏性和悬念。国际乒联针对这一情况将乒乓球项目的比赛用球直径加大，依靠乒乓球直径加大后的运动物理特性来限制中国乒乓球项目的一家独大。

（2）较强地区予以参赛资格偏护：是指当某一地区的多个国家之间竞技水平

明显高于其他地区时，应适当放宽该地区参赛国家的要求或给予一定的参赛队伍数量上的偏重，这是赛事规则制定者为保证比赛精彩程度的一项措施。

（3）国内竞赛规则的个性化。这是指当一个国家的某一项运动因水平差异，明显高于或者低于国际水平时，国际的通用规则对该国国内比赛并不适用，因此在国内的联赛中使用本国自行制定的规则。例如：美国职业篮球联赛（NBA），它的很多竞赛规则与国际篮联制定的规则不同，甚至是冲突的，从使用场地的标准到犯规次数，甚至是执法细则都各不相同。

三、体育竞赛规则与体育道德之间的联系

说到体育竞赛规则与体育道德之间的联系，不可谓不大。在2012年伦敦奥运会羽毛球女双项目比赛过程中，来自中国、韩国、印度尼西亚三个国家的4对羽毛球选手因消极比赛被取消参赛资格，引发了有关体育道德的争议性讨论。民众广泛认为运动员在比赛中不认真对待比赛，甚至故意输球是体育道德的缺失，是对观众观赏比赛热情的亵渎，更有言辞激烈者认为他们缺乏奥运选手应有的素质，甚至没有达到作为运动员的底线。

民众的反应可以理解，四年一度的奥运会，相信每一位观众都想看到精彩绝伦的比赛而不是拙劣的表演。但是细细分析，运动员这样的表现与各国制定的成绩标准以及奥组委制定的赛制有着非常大的关系，可以从以下方面看出。

1.比赛规则制定者对可能出现的弊端考虑不足。

本届奥运会羽毛球比赛根据世界羽联有关奥运会的最新赛制安排，废除了此前一直沿用的淘汰赛，采用小组循环赛，这样做虽然可以大大降低了冷门。但是，这样的赛制必然会出现一些有争议的比赛，譬如：在确保小组出线的前提下保留实力、为挑选淘汰赛对手打默契球等等。

2.各国制订了个项目的成绩标准，而该标准与个人利益挂钩。

奥运会是世界各国体育交流的盛会，更是各国体育优势项目的展示，各个国家都想在金牌榜、奖牌榜上占得一席，以体现该国体育实力甚乃至综合国力的强大。世界各国都在自己的优势项目上制订了不同的要求，而参赛选手只要完成要求，则会受到不同程度的奖励。

这样一来，具备夺牌实力的参赛队伍就会利用规则上的漏洞通过各种手段来选择淘汰赛阶段的对手，从而避开本国选手以及实力较强选手，那么故意输球、消极比赛等情况也就在所难免。问题虽然发生在运动员身上，但是根源却在比赛规则的制定上，运动员为了合理利用比赛规则，取得好的成绩，不惜牺牲体育道德作为代价，从另一角度来看，除了观众，运动员本身也是受害者。而奥组委虽然对事件的参与者进行了惩处，但处罚理由也差强人意，规则既然制定出来，只要运动员不违反规则，成绩均应为视为有效，单一的处罚也只是治标不治本。

综上所述，体育道德建设与体育竞赛规定有着非常密切的关系。从体育专业角度看，规则既要规范体育道德，执行制裁，又要鼓励竞争行为，使比赛顺利进行。工欲善其事，必先利其器。要推进体育道德建设，必须使包括体育竞赛规则与体育仲裁执法等因素进行不断的跟进与完善，这样体育道德才能够与竞赛体制相辅相成，相互促进，体育强国的最终目标才能得以实现。

第三节　体育道德在体育教学中的培养

大学生是高素质的知识载体，也是参加体育活动的重要群体。对他们加强体育道德教育，不仅有利于他们的健身锻炼，同时还有利于发挥出他们在遵守体育道德方面的榜样力量与辐射效应，营造出和谐融洽的体育环境。

一、体育道德规范教育

1.道德原则教育——培养学生树立以爱国主义，集体主义为准则，以公正、平等为基准的道德原则

体育活动中要注重培养学生的爱国主义情感。爱国主义的情感第一要义是祖国高于一切，我们中华民族赖以生息繁衍的山河大地，哺育了一代又一代杰出的志士仁人。在五千年的文明史上，每当祖国面临危难的时候，有多少爱国者上下求索，图存救亡；每当祖国遭受侵犯的时候，有多少爱国者浴血疆场，视死如归。他们的事迹，他们的气概，他们的精神，像大海的波涛，激荡着我们中华儿女的心胸。新中国体育事业发展的历史，这是一段不断打破纪录、不断填补空白的历史。一批批优秀的运动员，用他们的汗水和努力，洗雪了"东亚病夫"的耻辱，为中国和世界体育事业的进步做出了贡献。1956年6月7日，上海陕西南路体育馆，中苏举重友谊比赛中，20岁的广东小伙子陈镜开，以133公斤的挺举，创造了中国体育史上的第一个世界纪录。1960年5月25日4时20分，中国人第一次站在了世界之巅。中国登山运动员王富洲、贡布、屈银华首次登上了世界最高峰——珠穆朗玛峰，这也是人类历史上首次成功地从珠峰北路攀上顶峰。1981年11月16日，已经在第三届女排世界杯赛上6战6胜的中国队，迎来了对手日本队。大阪体育馆里日本观众的助威声震耳欲聋，中国队沉着应战，终于以不败的战绩，赢得了中国三大球中的第一个世界冠军。从此之后，中国女排屡战屡胜，创造了"五连冠"的奇迹。1984年7月，中国派出强大阵容来到美国洛杉矶，参加了在这里举行的第23届奥林匹克运动会。7月29日，比赛刚开始，中国射击选手许海峰就在男子自选手枪慢射的比赛中，以566环的成绩夺得了这个项目的冠军，这不仅是本届奥运会的首枚金牌，也是中国人在奥运会上获得的第一枚金牌。这是中国体育史上伟大的一天，中国取得了奥运金牌榜上"零"的突破。

任何一项体育活动的开展都离不开集体，无论我们上体育课，还是参加课外体育活动，或是参加体育比赛，都离不开集体。而任何一个集体都有各自的规则和约束，它可能来自外部，如校方、教师制定的规章制度，也有集体成员们自己约定的规则，如在游戏中不能违反约定、不能耍赖等。这些规则必须是所有成员认可的，谁违反了约束和规则会受到集体的批评。

2.体育道德规范教育?D?D培养学生遵守体育活动中的道德规范，尊师爱友

这里说所的规范主要指与学生体育行为有关的各种规范，包括运动规则和其他约定俗成的各种体育规范。由于体育规范是体育活动特别是体育比赛的条件，因而，只要学生一旦参加到体育活动中去，他就不可避免地会受到规范的约束。在规则、裁判或舆论等作用下，学生的规范意识会逐渐增强，学生将逐渐学会在规范的约束中进行体育活动。由于体育活动中形成的规范意识有助于学生一般行为规范意识的形成，这就使得体育学习对学生的社会化进程具有重要的意义，从而有助于学生法纪观念的形成。因此，设置社会适应学习领域，将有助于教师更有意识地在体育教学中关注学生规范意识的培养。

在体育活动中培养学生尊师敬长，爱护体弱者。教育学生做事公正，为人和善，言行一致，文明礼貌，不损人利己，不投机取巧，爱护公物。在体育活动中参与练习很苦很累，要求学生必须具有吃苦耐劳的精神，必须具备不怕困难、勇往直前的品质。体育活动中教育学生对自己应做的事要坚持不懈，培养学生克服困难的意志和毅力，教育学生对失败挫折有一定的承受力，培养学生胜不骄、败不馁、顽强拼搏的优良作风。

3.体育道德范畴教育?D?D培养学生勇于承担责任，有义务感，学会合作与竞争

培养学生的合作精神。体育活动中大多数是团结合作的集体项目，只有凝聚

人心，才能取得好的教学效果。同时，在体育活动中也要教育学生关心集体、热爱集体，为集体争荣誉，教会同学之间的相互交往，尊重人，理解人，善于与同学友好相处。让学生明白，只有生活在好的合作集体中，才能创造出优异成绩。培养学生的竞争意识和进取精神。体育活动以其丰富多彩的内容和形式，为培养学生的竞争意识和进取精神创造了良好的条件。例如，田径、体操、球类、游戏等项目，在集体注视下完成个人练习、整体练习；各种体育竞赛和体育表演或技评等，都是在同等条件下进行的。为此他们有必要不断开发和发展自己最大能力的新的运动技术与方式。这种创造性的心理动机与行为，能使他们逐渐形成准备和乐意接受未来社会的各种新事物的心理倾向。因此，学校通过开展各种不同形式的体育竞赛能较好地动员学生全身心地投入到竞赛或练习中去，有利于培养学生的竞争意识和进取精神。

二、体育道德意识或心理素质教育

加强理论知识教育，当前体育教学受应试教育的影响，重视体育技能教学，忽视体育基础知识的传授，教育面窄，针对性、实效性不强，实用价值不高，没有形成体育理论体系。因此要重视体育理论教育，尤其要加强对学生终身受用的体育科学知识的传授。建立体育理论体系要有时代性、针对性、实效性和科学性，要以促进学生的身心健康、指导学生科学锻炼身体，并在今后的生活中终身受益为出发点。介绍体育项目的起源和发展；在生活中应用价值、科学锻炼身体的方法和手段；体育运动损伤和防治知识，实现由感性认识到理性认识的转变，建立终身体育意识。

加强体育情感培养，这是衡量学生对体育活动及其状况关系的态度反应，是学生自己对体育的需要程度和锻炼经历的内心体验与感受，它因一定的体育需要及其满足程度而产生，并受学生对体育及其各种形式状态的价值认识所制约。只有当学生对体育有着浓厚的兴趣深切的爱好和强烈的情感体验，才能自觉地参加体育实践，才能产生积极的表现和强烈的情感体验。因此体育情感的培养通常围绕体育道德、理智和体育美感三个方面。体育道德感是根据体育道德行为为标准，评价人在体育运动中的言行举止、思想意图时所产生的一种情感体验。教学中要加强学生的道德水平教育，使学生正确理解道德观念和道德行为标准，把情感变为学生行为行动的动力。理智感是在智力活动过程中，认识和追求真理的需要是否得到满足而产生的情感体验。

加强意志品德的培养。体育意志品德是体育意识的能动方面，是学生自觉地参与体育的目的，并在确定目的支配下，克服行为中的障碍、困难，实现目的的过程。随着年龄的增长，依赖性逐渐减少，根据目的而做出意志决定水平不断提高，意志水平从盲目性向自觉性选择性不断发展。实现体育意志的心理因素是运动中的动机，它是激励人行为的心理因素，具有驱动作用。对体育意志力的培养，对体育意识的形成非常重要。在体育教学中，通过对学生进行自觉性和自制力的培养，果断性与坚持性以及勇敢顽强精神的培养，实现体育意志品德的养成教育。

三、体育道德活动素养教育

通过摆事实、讲道理、传授体育道德知识，使受教育者明辨是非善恶，提高认识和理论水平，用以促成学生良好体育道德素养形成的方法。体育道德是人们在体育活动中所依据的思想道德规范。优良的体育道德将极大地促进体育运动的蓬勃发展，而恶劣的体育道德作风将极大地伤害着体育运动的正常进行。如臭名昭著的英国足球流氓；屡禁不止的兴奋剂丑闻；学校里也时有发生强占场地现象；在身体接触密切的运动项目中，如足球、篮球有意识地恶意报复性伤害等。这些都极大地困扰着体育运动，危害着体育活动的健康发展。虽然这些恶劣的行为对于蓬勃发展的体育运动来说是个别现象，但他们所造成的危害绝不能低估。如每学期的运动会或小型竞赛，学生们都表现为极强的集体荣誉感，但也不乏少数同学为了取得成绩做出不文明的行为，我们应在肯定其集体荣誉感的同时，指出其错误的行为只会给集体带来耻辱，以培养学生良好的体育道德风尚。在体育比赛中遵守比赛规则和服从裁判，体育比赛中做文明观众，这不仅是体育运动能健康有序的发展的需要，也是我们培养全面发展的现代化的建设人才的道德要求，更是实施素质教育不可缺少的重要方面。

培养学生的是非感、正义感。体育运动是严格规则约束下进行的健康文明的活动，教育学生遵从规则与规定，按规则允许的精神去认识问题，辨别是非，不斤斤计较，不小肚鸡肠，不装孬使坏，不投机取巧。尊重事实，弘扬正义。对的就支持赞扬，错的就批评屏弃，培养学生爱憎分明，态度明朗的人格精神。

体育文化素养的各个方面是有机联系的相辅相成的整体。体育知识是基础，但只有体育知识，没有运动技能和技术，也只是一个夸夸其谈之徒；运动技能和技术是重点，是体育文化素养的外在表现形式。但只有运动技能和技术，缺乏体育道德作灵魂，也不过是增加了几个四肢发达，头脑简单的莽汉而已；而没有体育意识作动力，提高体育文化素养则成了水中月，镜中花，所谓的远大目标只是纸上谈兵。因此，在实际教学中，提高学生体育文化素养，需要注重全面提高体育文化的各个方面，不可偏废。

总之，我国大学生体育道德素质教育的内容是一个多维度、多层面的复杂系统。它主要由道德原则教育、道德范畴教育和道德规范教育所组成的体育道德规范素质教育；道德意志培养、道德情感培养、道德理想与信念教育、道德认识教育和道德观念教育所组成的体育道德意识或心理素质教育；道德选择教育、道德行为教育、道德修养培育和道德评价教育组成的体育道德活动素质教育等三类素质教育所组成。在体育教育过程中，要切实增强德育教育的针对性、实效性和主动性。真正做到"以体培德、以体启智、以体育人"。

第四节　高校民族传统体育教学中传承人文精神

民族传统体育是中华体育文化长期发展下来的产物，是中国传统文化的象征，较适合在教学中进行人文精神的培养。如今的大部分大学生的人文精神缺失的情况十分严重。高校应该认识到这个问题，重视自身的教育功能，发挥自身的教育资源优势，通过进行民族传统体育教学来积极传承一系列的人文精神。本文主要分析了在高校民族传统体育中传承人文精神对大学生和大学校园的益处、高校民族传统体育教学中面临的困难以及在高校民族传统体育教学中进行人文精神传承的一些措施，希望能促进大学生身心的全面发展。

目前大部分的中国高等院校的体育课程教授的还是一些现代的体育项目，民族传统体育受到了冷落。学生学习这些课程虽然也掌握了一些技能，但是身心素质等没有得到全面的提高。然而，民族传统体育十分具有时代性和中国特色，学习民族传统体育有利于弘扬民族传统体育文化，传承人文精神。高校具有十分良好的群众基础，是开展民族传统体育教育的一个重要场所。如何将人文精神和高校民族传统体育教学相结合是每个大学体育老师应该思考的问题。

一、在高校民族传统体育教学中传承人文精神的益处

1.有利于增强大学生对民族传统体育的认识

教师在体育课程中进行民族传统体育的教学，有利于增强学生对民族传统体育的认识。学生能够了解民族传统体育的时代背景，包含的具体内容以及所展现出的各种精神和情感。在不完全了解民族传统体育之前，学生可能会对其有自己的误解，在充分了解民族传统体育所包含的人文精神和意义后，学生就会转变观念，以更加科学积极的态度看待民族传统体育。在学习民族传统体育时，学生既能够学习相关的体育技能，又能够了解各民族的风土人情，加深对其他民族体育文化的认识。

2.有利于提高大学生的思想品质

中华传统文化蕴含着丰富的哲理，它强调内外兼修、和谐统一。大学生在体育课程的学习中不能只注重技能的学习，还要重视其中的人文精神和道理。民族传统体育中反映了各种各样的传统文化思想，有些深奥的含义，对现代大学生的身心发展有些指导作用，有利于大学生树立正确的价值观念。学生在进行民族传统体育项目时，自觉地遵守项目规则，在运动中知晓礼仪，全身心地与运动融合。此外，民族传统体育项目一般都具有趣味性，在游戏的过程中竞技。这样一来，学生可以在运动时放松身心、陶冶心情，慢慢形成开朗自信、积极进取的新时代大学生。

3.有利于促进大学生之间的团结

民族传统体育有一个鲜明的特点就是具有地域性，不同的民族、不同的地域有着专属于自身的地域特色。因此，在高校民族传统体育教学中传承人文精神能够培养学生的民族意识，让他们在学习民族传统体育时充分了解民族的特点，让他们具有民族精神，激发大学生的爱国情怀。各民族的人们对本民族的独特文化是保

护的态度，不允许别人无视或侵犯。这种自我意识更加有助于增加民族的凝聚力，大家互相团结起来互相配合，展现出民族传统体育的风采和特色。这种团结的力量就是取得胜利的保障。

4.有利于发展和谐的校园人际关系

体育的含义不只简单的一种，它不仅仅有生物学的含义，同时它还具有社会学的含义。这种社会学含义主要指的就是体育精神给社会带来的影响。在高校民族传统体育教学中传承人文精神正好和这一含义契合，人文精神的传承有利于校园中的师生之间和学生之间形成和谐的关系。在学习的过程中，学生遇到困难向老师求助，老师给予鼓励并帮助学生继续进步，学生较终努力拼搏取得成功。这些过程处处都体现出传承人文精神的魅力，校园内一片和谐美好的局面。

二、高校民族传统体育教学中面临的困难

1.民族传统体育具有民族性制约

不同的民族具有不同的生活方式和宗教信仰，他们的行为习惯和价值观念也有所不同，因此各个民族的文化方面就存在着巨大的差异。因为这些差异，他们本民族的传统体育项目就不容易被其他民族的人接受。因此，在高校体育课程中进行民族传统体育的教学就有一定的难度。例如：独龙族的人生活在云南，常常在山涧峭壁和湍急的河流中跋山涉水以及过溜索。这些项目需要极大的胆量和技巧，一般人很难进行。因此，一些民族传统体育项目是具有民族性的制约的，在高校体育课程中不容易进行展开教学，更别提进行人文精神的传承了。

2.民族传统体育具有地域性制约

我国的领土面积大，地域辽阔，北方有草原，南方有大海。各民族所居住的地理环境不相同，因此所创造出的传统体育项目也大不相同，具有地域性制约。例如北方蒙古族常常进行赛骆驼，这是蒙古族特有的体育项目。然而骆驼的生存地主要在西北，如果想要在南方高校中开展这一民族传统体育项目，恐怕十分困难。南方端午节要赛龙舟，这个体育项目需要有河或者湖，这在一些地方也是不能实现的。因此，在高校开展传统体育课程要注重筛选体育项目，选择能够开展的项目，并在此基础上再考虑传承人文精神。

3.外来文化对民族传统体育具有冲击

体育也是各国之间竞争的一个领域。这其中不仅包括体育竞技能力，还有各国的传统体育项目在世界中的地位。奥运会中的大部分项目都来自西方国家的民族传统体育项目，如今大部分高校也顺应这一趋势，开展的体育项目都是现代体育项目。然而，我们也要重视我国的民族传统体育，积极地开展相应教学，既要保留传统的民族特色，又要寻求更远的价值和发展。

三、高校民族传统体育教学中传承人文精神的措施

1.教学中民族友谊的传递

我国是一个多民族的国家，足足有五十六个民族，这些民族共同构成了整个大家庭。民族团结是一种强有力的凝聚力，不仅是国家能够长治久安的重要保障，而且是我国民族工作的基本国策。因此，高校在进行体育教学时，要培养学生的民族意识和爱国情怀。对待少数民族的同学应该主动关心，建立同学之间、民族之间的友谊。在进行民族传统体育教学中，教师不仅要教会学生传统体育项目中的技能和知识，还要积极的介绍对应民族的风土人情，告诉学生正视民族之间的差异性，尊重其他民族的文化。

2.教学中儒家和道家思想的传递

武术项目是民族传统体育项目中开展较为容易的一项，大多数学校都开展了这一项目。武术不受场地和设备的限制，几乎随时随地都能进行，同时，武术对学生的身体素质以及老师的专业技能也没去高要求，因此受到了很多高校的喜

爱。武术的招式中包含了许多儒家和道家的文化，讲究"天人合一""尊师重道""仁义礼智信"等，具有十分深厚的文化底蕴。在高校体育课程中开展武术项目，有利于传承中国传统文化，有利于传承人文精神。

3. 教学中体现团队合作的精神

在民族传统体育中，许多项目需要多人合作才完成，例如：拔河、舞龙舞狮、抢花炮等。这就需要学生们进行团队合作，这是一种协作精神，可以帮助学生在合作的过程中学会包容讲解和友爱互助。教师在上课时可以把全体同学分为几个小组，以小组为单位进行体育项目的比拼。这样小组成员就有了集体意识，不管是上场运动的还是加油助威的成员都有了参与感。团队的胜负牵动着每一个成员的心，他们愿意制定团队策略去争取胜利。这样一来，他们就会懂得合作的必要性和重要性。

4. 教学中注重良性竞争和自我展示

民族传统体育项目有两大类，分别是表演项目和竞技项目。这两类项目之间有着很大的区别。竞技类项目主要有摔跤、打陀螺等，这些项目具有很强的竞技性，在进行过程中不仅要求技术，同时需要竞争名次。学生们在进行这些项目时，就需要具有竞争意识，不能害怕困难，尽自己较大的努力去完成项目，争取超越别人，取得名次。这样良性的竞争能够帮助学生燃起斗志，增强自身本领。表演项目主要有芦笙舞、民族健身操等，这些项目具有较高的观赏性和艺术性。学生在进行这些项目时需要有自信，敢于进行自我展示，以较好的状态显示自己的个人魅力。这些项目能够帮助学生增强自信和提升魅力，做一名积极自信的大学生。

综上所述，在高校民族传统体育教学中传承人文精神十分有益处，我们要克服在这个过程中出现的困难，在教学中给学生传承各种各样的人文精神，帮助他们的身心全方面发展。

第五节 体育教学中的品德教育及意志培养

体育教学是学校教育的组成部分，是学生具有健康体魄的保证，是进行其他教育的必要保证和基本条件。当今社会各方面竞争日益激烈，竞争中不仅要有现代科技知识作物质基础，而且需要有良好的思想品德和顽强的意志作为"精神"基础。因而对体育教育工作者提出了新课题：充分发挥体育学科的优势，发挥潜在因素作用，促进增强学生体质，提高学生思想品德、意志品质，使体育教学成为促进学生身心发展的重要渠道。

一、教师要努力挖掘体育教学内容本身的思想内涵

学生道德品质是通过一定的社会生活实践和教育的熏陶，以及个人自觉的锻炼与修养逐渐形成的。而体育教学不仅有个体的活动，也离不开集体的组织活动，有利于具体形象化的引导教育。

1.结合教材，在教学中对学生进行品德教育和意志培养。

如：①利用学习接力、游戏、拔河等项目向学生强调集体配合的重要性，不失时机地进行集体观念和集体主义教育，使学生明白一个没有集体观念的队伍，很难在比赛中战胜对方，让学生在练习中体会集体主义的精髓和集体协作的力量。②耐久跑可以培养学生吃苦耐劳的精神，障碍跑可以增强学生克服困难的勇气，跳马、单杠培养学生勇敢、果断和克服困难的优良品质。教师应结合这些教材的特点，对学生渗透意志品质的教育。③在体育教学中，要经常组织单项比赛，按《国家体育锻炼标准》进行达标测验、单元技术的考评，教师要充分利用

这些时机对学生进行德育教育，养成良好的思想心理素质，胜不骄、败不馁，从而塑造开朗的性格和永不服输的坚强意志。

2.结合体育理论知识的教学，对学生进行潜移默化的品德教育和意志培养。

如：①我国具有悠久的体育发展史，古代劳动人民创造了灿烂的体育文化，形成了辉煌的体育发展史，在教学中充分利用这些内容对学生进行思想品德教育，引导学生树立为社会服务而锻炼身体的历史责任感，激发学生的民族自尊心、自豪感和爱国热情。②利用中国体育健儿为祖国荣誉而奋勇拼搏的事迹去感染教育、激励学生树立为祖国争光的思想意识。

二、体育教学在道德教育中的作用

体育教学中的德育渗透，比起其他学科具有明显的优势。不论是室外体育活动、体育竞赛，还是室内的体育训练，这些活动本身的集体性、艰苦性、耐久性对学生高尚道德情操和文明行为的养成都起到了潜移默化的作用。要想真正培养良好的世界观、高尚的道德情操，这就要求教师必须在教学、训练、竞赛等各个环节加强思想性的分析，加强集体主义教育、纪律教育，要求教师有周密的教学计划，严密的组织教学，合理多样的教学手段。因此，要求体育教育工作者不失时机地对学生进行思想品德、道德品质教育和文明行为教育。

另外教师的表率作用是至关重要的。如果一位体育教师有端庄的仪表、潇洒的风度、健美的体形、优雅的言语、科学的训练方法、娴熟的业务技巧，那么学生在学习体育技能、知识的同时，自然也会感受到教师身上的"体育美"，而且会赢得学生的尊敬，在学生心目中树立良好威望，收到良好的教育效果。

三、在体育教学中培养学生的意志品质

体育学科的固有特点决定了体育教学是培养良好意志品质的重要途径。意志品质总是和克服困难的行为相联系的。它在克服困难中得到体现，同时在克服困难中得到锻炼。

在体育教学、训练和竞赛中，参加者必须付出自己最大的努力去克服自身的、外来的困难及障碍，并且每进一步要付出极大的意志努力，胜利常常取决于"再坚持一下的努力中"。例如举击、投掷等需要克服肌肉用力地困难；长跑等田径项目需要克服长时间肌肉紧张并由此而产生的厌倦情绪；球类和对抗性项目需克服因情况多变所带来的种种困难。因此，长期系统的体育教学能有效地锻炼、培养学生良好的意志品质。

四、在体育竞赛和各种游戏比赛中培养学生的思想道德品质

体育教学有一定的组织形式，学校体育活动大多数都是集体活动，这就为培养学生的集体主义精神创造了有利条件。体育竞赛和游戏比赛要求有组织、有秩序、密切配合、互相帮助，共同完成某一活动。学生可以在竞赛活动中表现出个人与集体，个人与个人之间的许多工作思想、态度和感情，因而体育课比教室内静坐的文化学习课，有更多实际进行的集体主义教育的机会，可以发挥较好的教育效果。在竞赛和游戏比赛活动中，教师要教育学生不要计较个人得失，应从集体主义利益出发，养成个人跟从集体，少数服从多数，执行集体表决，自觉遵守集体纪律的好习惯，培养学生热爱集体，树立集体荣誉感和责任感，在进行体育竞赛和游戏比赛活动中，参加活动的同学，为了集体的荣誉，力争上游，努力拼搏；不参加活动的同学，为本集体的同学呐喊助威，加油声连绵不断，胜利后相互致意，互相庆贺。失败了也不气馁，以备再战。培养学生为集体主义而战，胜不骄，败不馁，团结协作，平等竞争的精神。

体育活动和竞赛，相互交往性强，在体育活动和竞赛规范和规则的约束下，体育把学生之间的距离拉近了，通过运动竞赛锻炼了学生的意志品质，协调了人际关系，消除了相互之间的矛盾，催人奋发进取，给人带来欢乐，使人的身心得以和谐，健康地发展。

五、在集体活动中加强对学生进行思想品德教育

学校的集体活动也是对学生进行了思想品德教育的重要途径之一。通过这些集体活动增强了学生体质，培养锻炼习惯，也是活跃生活，陶冶情操，树立良好校风、学风的重要手段。体育教学要结合学校、政教处制定的教学目标，使集体活动与学校的德育活动相结合，以促进学生良好道德品质的养成。如定期举行：运动会、广播操比赛、拔河比赛等。

唯物辩证法认为，世界上任何事物，都不是彼此孤立，也不是一成不变的，而是相互联系、变化、发展的，由于事物相互联系、相互影响才构成了事物的运动、变化和发展。同样在体育教学中进行的品德教育及意志品质培养，二者之间有着紧密联系的关系，品德中有意志存在，意志中含有品德的成分。对学生进行思想品德教育过程中，自然增强良好意志的培养，而对学生进行意志培养的过程中，他们的品德水平也在自然提升。中国特色的社会主义建设，需要的是德才兼备，勇于拼搏，奋发进取，具有顽强意志品质的综合型建设者和接班人。

第六节 在体育教学中如何渗透体育精神与人格教育

体育教学是学校教育的重要内容，是促进大学生身心全面发展的重要手段。其关键就是让教学发挥其渗透德育的功效，及时纠正学生的不良行为和习惯，培养良好的道德情操。现阶段大学生都有以自我为中心，贪玩、安全意识差，懒惰、怕苦怕累，不愿学习的特点。体育教学中，体育本身所蕴含的体育精神，对

促进学生身心健康和个性心理、意志品质及人格的形成，有着极其重要的作用。因此，体育教学应充分利用自身的特点，将人格塑造渗透到每个教学环节中去。通过诱导、渗透、培养，让学生掌握基本理论知识，在进行具体的体育练习中，受到高尚情操的陶冶、人格的培养。这应是我们大学体育教师思考的重点，是大学体育教学追求的高层次目标。

一、大学体育教学中的体育精神

（一）什么是体育精神呢？

体育精神是指体育运动中所蕴含着地对人的发展具有启迪和影响作用的有价值的思想作风和意识。社会学家曾证言，任何一种社会活动或现象，当它仅仅体现为技术层面时，它是低层次的，不成熟的。当它进入到人的精神的层面，人的意识的层面，并影响到人的人格、心理、意识及行为时，那它就进入了成熟的科学的阶段。历史上中外教育家们都没有屏弃体育的教育功能，一再明确地把体育作为教育的三大支柱之一，其中一个重要的因素是体育对人的身心的教育和影响是独特的，是其他学科所无法替代的。

（二）如何在体育课中渗透体育精神呢？

在丰富多彩的体育运动中尽管其技术手段，比赛方法，胜负的形式各不相同，但其基本的体育精神是相通的。学生投入到体育运动中就已经开始接受体育精神的影响和教育，受到体育精神的熏陶，改变和塑造着自己的人格精神。大学体育教学的改革和深化，这是一个高层次的战略目标，我们应当在体育精神的挖掘、提炼上，在体育精神教育的内容、方法和手段上狠下一番功夫。

1.从备课入手。认真钻研教材，合理调整和安排教学内容，有针对性地对学生进行素质培养，贯彻整个课堂的主线，要以体育精神品质的培养为主旋律。内容安排、教学方法、手段的采用立足于能充分调动学生学习的积极性和培养学生自主创造力。比如：根据学生生理和心理特点，我们可将教学内容融入竞赛和游戏中。通过竞赛、游戏来达到寓教于乐的目的，更重要的是竞赛、游戏的同时能对学生进行体育精神品格的培养，他们所表现出来的集体荣誉感、顽强拼搏、严格遵守规则、实事求是、团结一心的精神品质是无须老师说教和引导的。每个学生都会为自己的集体，顽强拼搏，争取胜利；也会对偶尔犯规的同学进行批评、指正；相互取得的成绩也是实事求是的。这将给予学生的不正是体育精神的培养吗？

2.是课堂中的教学。首先是创设课堂环境。没有好的课堂气氛，就无需谈对学生进行素质教育，更无须谈对他们进行潜移默化的精神培养。老师、学生精神饱满、斗志昂扬无疑是给课堂注入了生气和活力。但很大程度上，学生的情绪会受老师出现在课中形象的影响，大学生对老师的仪表是否端庄，表情是喜是忧特别敏感，如在教学中，老师身穿整齐的运动服，精神饱满地站在学生队列前面，以直观的形象就可以吸引学生的注意力，老师下达口令声音洪亮、短促，哨声清脆有力，控制节奏的掌声轻松明快等等，都会促使学生心灵处于一种愉悦、振奋的状态，课堂气氛也会活跃，所以说老师的形象和情绪直接会对课堂气氛产生影响。老师为培养学生健康心理素质和良好的意志品质，首先就应该为学生体育精神的培养营造一种良好的课堂氛围。

其次是科学、合理的组织教学。在大力倡导全面推进素质教育的今天，传统的教育模式和手段已背离了基础教育的性质与任务。体育课中更应该摒弃训导式、说教式的教学方法，应采用形式多样，有利于学生自主发展，有利于学生个性培养和精神培养的教学方法来进行教学。根据社会学的理论，在教学中让具有某些共同性和特殊联系的学生形成小群体，群体形成后，就具有互助、互争、互动的特性。利用群体的特征，让学生在群体的作用下，使学生通过相互间的影响、协调，促进自发、自主的学习环境，达到对其教育的目的。刚开始因学生个性差异大，意志品质薄弱，学生表现不够积极、主动，再加上群体分布"零散"，教学显得比较"散点"，收不到预期的效果。但通过老师的激发和正确引导，一段时间后，学生能根据其共同爱好和兴趣，积极参与自由组合，自由选择练习手段，自由支配练习时间。我们把练习手段和练习时间作为教学核心，教学中教师提出多种练习手段，供学生或小组去选用。学生在练习时，在时间上和学生选择什么方法不做统一要求，学生根据自己的实际情况可以多练，少练或者不练，总之，能完成教学任务，达到培养目的就行。最后还要求学生积极参与教学评议，学生在自评、互评中，互相学习，互相影响，这不但对学习内容能建立正确的概念，还能将学生课中所表现出的个性品质和体育精神，在同学之间互相传颂、影响，互为典范、互相学习，从而达到培养目的。小群体教学法，它能从多角度、多层面去培养学生的体育精神。个体之间进行自由组合，培养了学生的交往能力和协作关系，不同的练习手段和方法培养学生不同的精神品质，比如，通过小组之间进行比赛或游戏，培养学生的集体主义荣誉感和奉献精神，同时也培养了他们顽强拼搏、遵守规则、求实的良好品质，具体运动技能（跳远、障碍跑等）的练习，培养了学生吃苦耐劳、不怕困难、坚韧、果敢的意志品质。总之，科学、合理的组织课堂教学，也是对培养学生的精神品质起着不可估量的作用。

最后，是做好课后小结。我觉得做好体育课的课后小结，无论是从学生掌握学习内容的角度讲，还是从培养学生品质的角度上讲，都起到了画龙点睛的作用。特别是对学生体育精神的培养起到了"催化"作用。我们应抓住学生好表现、喜表扬的心理来作为一条培养途径，对课中表现突出、能吃苦耐劳、不怕困难、顽强拼搏、遵守纪律、诚实守信、团结友爱、维护集体荣誉感的学生，一一提出表扬；对课中表现胆怯、懦弱、怕苦、怕累、不遵守纪律、不乐于奉献的同学，提出希望、给予鼓励。通过表扬先进，让学生之间互相学习、互相影响，让受表扬的同学能继续保持积极向上的热情；同时也为后进的同学树立了典范，老师对后进同学提出期望、给予鼓励，让其对改变自己树立足够信心，激发他们积极向上的精神。所以，课后小结对培养学生体育精神的作用是不容忽视的。

3.创设良好的培养体育精神的环境

给学生营造良好体育精神的学习氛围，对培养他们的体育精神起到一个推动作用。

（1）开展丰富多彩的体育活动。

体育活动课是体育课的延伸。它相对于体育课活动的空间更大，学生对活动的选择更自由、更能表现出不同运动所体现的不同精神品质。学生在活动课中可根据自己的兴趣爱好，选择自己的运动项目，不受场地限制，运动形式多样，个体自由活动，个体之间进行对抗比赛，小组、群体之间进行竞赛、游戏，活动内容由学生自己确定，可以是自编的，也可以是老师传授的，体育活动课因为没有任何外加的教学任务，所以更能让学生积极主动的参与，学生也能保持高涨的热情，做自己喜欢的运动，玩自己喜欢的游戏，有更多机会与别人竞争比赛，促进他们个性发展的同时，也培养了他们的创新精神。因此也就更能表现出他们的精神品质，并能在活动中得到进一步培养。所以，体育活动课是培养学生体育精神的重要途径之一。

（2）充分利用学校宣传工具。

通过学校教育宣传栏，让学生认识和了解体育精神的含义。一是充分利用学校宣传栏，张贴和刊登一些我国优秀运动员所表现出体育精神的优秀事迹或是优秀运动员艰难的成长历程，来让学生认识和初步了解体育精神的含义。二是利用学校广播站，对表现突出的学生进行通报表扬。比如，学校举行的体育活动中，对表现出良好意志品质和精神品格的同学给予表扬来为其他同学树立榜样。通过利用学校宣传工具，让学生觉得体育精神无处不在，学习榜样就在身边，从而达到我们对其培养的目的。

三、在体育精神中渗透人格教育

人格教育是一种着眼于发展受教育者心理品质的培养。人格教育是把人的知、情、意、行统一协调发展的 日趋健全、完善人的心理品质的培养过程。体育精神对大学生的全面教育、全面发展，对大学生人格精神的价值在于：培养大学生愉快的生活态度，较强的身心适应能力，个性的发展，个人行为的规范化，责任感，与同伴的合作精神，竞争、拼搏、信心、荣誉的信念，公正地看待问题，遵守规则和规定，遵从社会法规。体育教学中通过体育精神对大学生的人格教育，一般应着重在以下几个方面：

（一）发展社会认知，在体育的社会交往中培养学生健康积极的生活态度和集体主义荣誉感。

让大学生在体育活动中去认识体育的实质，从而达到认识人生、认识社会。在体育活动中让学生学会竞争，培养学生拼搏进取的意识。在体育的相互交往大学会尊重，学会合作，培养学生的集体主义精神和集体荣誉感。这是一种健康的人格品质，将会成为一个人的永不衰竭的生活动力。

（二）通过体育活动培养学生克服困难、良好的独立个性和审美观。

我们在体育教学中，可以根据学生直接参与、身体力行这一实施的特点，刻意安排艰苦的环境，培养学生吃苦耐劳、坚韧不拔的意志品质（如体操、球类等）；营造紧张的气氛，培养学生沉着冷静、机智果断、结构健全的个性心理；在运动实践中让学生学会独立的观察判断，独立的应付突如其来的赛场变化，充分发挥学生的个人特点、特长，发展个性，培养自主精神和独立人格。创设轻松和谐的氛围，伴以优美动听的旋律，让学生通过充分展示外形的动作来表达内在的情感，从而发展个性，陶冶情操，培养良好的气质，提高审美意识，使学生形成健康的人格品质（如韵律操、体育舞蹈等）；要让学生在活动大学会尊重自己和尊重别人，讲究个人行为的规范性和道德性，培养学生良好的个人行为和道德风尚。鼓励学生积极投入，增强参与意识。

（三）培养学生的树立正确的成功观念、成功感、是非感、正义感。

通过体育实践体验后的"成功感"和"收益感"，养成良好的锻炼习惯和保健素养，形成科学用脑、讲究规律的现代生活模式；亦可以通过复杂技术动作的教学和实践，使学生既了解内部结构又能感知外部形态，促进抽象思维与形象思维协调发展。体育运动与思维训练的巧妙结合，不仅有利于诱发和促进学生想象力和创造的灵感，而且有利于学生智力的发展和思维品质的改善。体育教学中，学生的思想、能力、意志、情绪、态度等特征暴露特别快。比如跳高，面对一个新的高度，支撑跳跃面对一个新的难度动作，能否超越，一目了然，立即显露。作为教育者，应迅速抓住学生思想行为充分暴露的有利时机，因势利导，引导学生正确地看待成功与失败、顺利与挫折、长处与短处，激励他们勇于战胜困难，克服不健康的心理障碍，提高自尊心和自信心；培养学生良好的自我控制能力和心理调节能力；促使学生经过失败、成功、再失败、再成功的不断体验，增强耐挫能力，保持稳定的情绪、乐观的心境，这样，即使在逆境中也能成才。体育运动是严格规则约束下进行的健康文明的活动，教育学生遵从规则与规定，按规则允许的精神去认识问题，辨别是非，不斤斤计较，培养学生爱憎分明，态度明朗的人格精神。

（四）注重大学生的价值观、人生观教育。

价值观、人生观是一个人看待、了解自然和社会现象的基本观点，是调节和控制个体行为的高层次的参照系。

体育运动是一种对抗游戏，是人的身体、意识、心理和智慧的　对抗，也是技术、战术的技巧对抗。要让学生学会辩证的、客观的观察问题、分析问题，实事求是，遵从事物的客观规律，趋近事物的本质。在体育教学中，游戏是学生最喜欢的一种综合性体育活动，新课程标准也把体育游戏作为体育教学中一种重要的模式。例如体育课中比较常见的"跳竹竿"，是学生比较喜欢的一个项目，也是培养学生机智活泼、团结负责、乐观进取的良好机会，例如在体育教学中将红军二万五千里长征设计成过独木桥、涉水，穿越封锁线、翻山越岭等环节的接力赛，紧密结合学生集体主义和革命传统教育。让体育活动更有新意，才能把我们的学生吸引过来，真正参与体育活动中去，在无形中做到了体育和德育相结合。学会靠真才实学，靠真正实力，靠智慧技巧，靠人格精神去战胜对手，取得胜利。追求体育的真义和价值，实现人生的健康文明的生活愿望。

（五）培养学生集体观念、意志品质、承受挫折的能力。

体育教学具有形态化的特征，学生以个体或群体的形式参与各种身体活动。在活动中通过互相接触、切磋、合作、对抗等等，个体与个体之间，人际关系的交流更直接、更广泛，形成了一个特定的课堂社会，在某种程度上满足了学生进入启蒙社会的心理需要。应充分利用这种模拟社会环境，引导学生正确地认识自我，正确地交友，正确地处理个人与集体的关系，增强其社会的适应能力，从而培养文明的行为规范和高尚的道德修养。

对意志品质的培养，体育比任何一门学科都广泛而具体，它能发展培养一系列的意志品质。在练习中常采用提高任务的难度，不断的改进技术、战术，提高运动素质，采用高负荷的运动量，在疲劳时，甚至是伤痛时还应挖掘学生的潜力，坚持大运动量练习。如学生耐力跑练习中，意志品质是在克服困难的过程中不断发展的，运动中每一个行动都是意志行动，在随意行动中，意志力和神经肌肉紧张的程度之间存在着有机联系，"极点"的克服，不仅取决于学生的有机体的能力、技战术，还取决于他们的意志品质。体育运动的教学训练和比赛，都要求参加者付出极大的身体和心理能量，需要接受艰苦的磨炼。坚强意志，是人格精神中不可缺少的重要素质之一。　体育运动是培养坚强意志的一片沃土，有待我们大学体育教师的深耕细作。

现在学生心理素质很差，一次小失败，便很难承受。而走入社会后，要去奋斗，要参与竞争，从客观上讲，挫折是一定不可避免的，古人云："人生逆境十之八九"。体育教师一是要经常教育学生对挫折、失败要有正确的认识，要有充分的心理准备，现在与将来都会面对挫折和失败的考验。如一个动作失败，是什么原因，怎样纠正；球类比赛中怎样用全局、系统、相互联系、相互制约及发展变化的观点去分析与预测。对学生进行磨难教育，创设困难情境，有目的的引导学生克服和战胜内部（生理、心理）困难和外部（环境）困难。如利用节假日组织自行车、远足、爬山等活动，在野外活动中引导学生战胜自然环境中的困难和"惰性""极点"等生理、心理上的困难。四是针对不同年龄、意志类型的学生采取相应的措施。如对软弱、胆小、犹豫不决的学生，在教学中设置一定障碍，在众目睽睽之下让其表演等，培养勇敢、顽强、果断的意志品质。

（六）培养正确认识自己心理需求的能力、组织才能和人际交往能力。

就体育方面而言，在培养学生个性方面有其他教育形式难起到的作用，他们可以在一个较广阔的领域主动竞赛，充分展示个性，体育教师首先要指导学生正确认识自己的个性和特长，树立"人生天地间，各自有禀赋"，有个性才能有创造性的观念。通过体育活动满足不同的心理需要，让学生充分展示并认识自己的个性，让有创造性的学生在体育活动中尽其所能，有领导欲的扬其所长，让其多参与组织，让有心计的学生在游戏，竞争中斗心斗智等。体育活动都是以组织为保证，所以对学生的组织和人际交往两种能力培养较为有利，引导学生讲究交际道德准则，如在游戏时完成教师布置的练习任务，要诚实守信，活动中要团结协作，互助友爱。在体育练习、竞赛、游戏中处理好组织、群体和个人之间的关系，把练习过程看成人际交往和培养组织能力的过程，学会跟不同个性的人打交道，学会不同形式的组织工作，逐步提高交际和组织能力。多组织集体、小组活动，增加师生、学生之间的交往频率和密度，使学生情感社会化，增强学生责任感、自尊心、自信心、自豪感，从而产生互助合作、团结友爱的集体主义情感，密切人际关系。

大学体育教学以体育精神进入人格教育，关键在于大学体育教师自己的观念和认识，理性认识上升到这个高度，行动才能产生飞跃。另外，大学体育教师还应注重自身的人格精神对大学生的示范作用，严格要求自己　，完善自身的人格精神。挖掘体育精神的要素，丰富和发展体育精神的教育方法手段，使我国的体育教学迈上一个新阶段，是我们大学体育教师义不容辞的职责。

第三章　大学体育的教学艺术

大学体育教学艺术具有陶冶、转化、快乐、整体的功能，对于提高教学质量具有重要的意义。大学体育教师可以通过掌握现代教学艺术等知识，提高教学语言表达能力，掌握非语言表达的技巧和原则，提高自己的教学艺术水平，进而提高体育教学质量，培养高素质的人才。大学体育教学艺术作为推动教育事业发展的重要力量，能够提升教学的质量，激发学生学习的热情。体育教学艺术不仅能促进体育教学的顺利进行，而且还能给予人们一种美的享受。

第一节　教学艺术概述

体育课程是高校体育工作的中心环节，是完成高校体育工作任务的主要手段。也是有目的，有组织，有计划的教与学的统一双边活动，是向学生传授体育基本知识，技术和技能，发展学生身体，增强体质，进行思想品德教育，促使学生德，智，体全面发展的有效途径。因此，体育教学就显得尤为重要，要搞好体育教学，教师除了认真备课，钻研教材，写好教案，了解学生，布置好场地器材外，还必须讲究教学艺术。

一、教学艺术

爱因斯坦对教师的修养提出三条基本要求：一是德，即崇高的思想品德；二是才，即知识渊博；三是术，即高超的教学艺术技巧。

教学离不开艺术。只有讲究艺术的教学，才能取得最佳的教学效果。　教学必须讲求科学性，必须遵循科学知识的逻辑性、系统性及其表达方式的规律性和原则性，但教学是一种创造性活动，要求教师发挥独创性，灵活地运用教学原则，恰当地运用教学方法，机智地处理课堂教学过程中出现的各种问题。因此，只有把教学的科学性和艺术性结合起来，才能圆满地完成教学任务。

所谓教学艺术，就是教师运用语言、动作、表情、色彩、音响、图像（包括文字、符号、图表、模型、实物、标本）等手段，遵循教学规律、运用教学原则，创设教学情境，为取得最佳教学效果而组合运用的一整套娴熟的教学方法、技能和技巧。

二、教学艺术的特点

1. 形象性：

教学科学主要运用严密的逻辑来达到教学目的，教学艺术则主要运用生动、鲜明、具体的形象来达到教学目的。

要把抽象的理论形象化，变为学生易于接受的知识，就要借助语言、表情、动作、直观实物、绘画及音响等手段，对讲授的内容进行形象描绘，这是学生理解、接受知识的首要条件。其中，教师语言的形象性最为重要，通过比喻、类比，可使学生立得要领、顿开茅塞，透彻理解。

2. 情感性：

教学科学主要运用理性，以理服人；而教学艺术则是运用情感，以情感人。教学过程既是教学信息交流的过程，也是师生情感交流的过程。其中，教师热情、乐观、和善、满面春风的教态，与冷漠、忧郁、严厉、满面愁云的教态，所产生的教学效果是不一样的。

教师要善于表现出情感性教态，创设情感性教学情境，挖掘教学内容中的情感性因素，把学生置于一种情感激发、陶冶的气氛中，使之为之所感，为之所动，这是教学艺术的一种体现，是教学成功的保证。

3. 创造性：

创造性是一切艺术的生命，也是教学艺术的突出特点。没有创造，就没有教学艺术。

教师的劳动本身就是创作，而且比艺术家的创作更富有创造性。　教学艺术特别要求具有求异性和独创性。　在教学实践中，具有教学艺术素养的教师的教学与人小同而大异，具有自己独特的风格和特色。

教学艺术中的创造性，除了具有求异性和独创性以外，还应具有应变性。及时、巧妙、灵活地处理教学中事先未意料到的偶发事件。"应变"是教师一切创造中最复杂的创造之一，是一切教学智慧和机智的艺术结晶。它限时、限地、限情境地要求撞击教师创造性灵感的火花。这不仅要求教师要有高度的艺术修养，还要具备创造性的思维品质。是否具有"应变"的创造才华，是区别"平庸教书匠"和创造性教师的重要尺度。

4. 审美性：

审美性是教学艺术最突出的特点。

教学艺术的审美性表现在教学设计的美、教学过程的美、教学语言的美、教态的美、板书的美等方面。

教学设计的美表现为教学计划、方案新颖、别具一格而又具有可行性、富有成效。

教学过程的美表现在整个教学过程自然流畅，起（开始）能引人兴趣；承

（上下衔接）能环环紧扣，别具匠心；转（转化）能自然畅达，波澜起伏，引人入胜；合（结尾）能令人顿开茅塞，豁然开朗，或者余味无穷，发人沉思。

教学语言的美表现为生动形象、言简意赅、精确明快、富有情感。 教态的美表现为衣着打扮美观大方，仪态端庄，态度真诚、热情，举止潇洒、自然等。

板书的美表现为布局设计比例协调，对比鲜明，有系统而又重点、难点突出，书写规范而且漂亮、工整等。

必须明确指出：在教学艺术中，审美仅仅是手段，是从属于教学效益，并以教学效益为取舍标准的。只有当即美且能发挥更大的教学效益时，才能称得上是真正的教学艺术。

三、教学艺术的作用

1. 实现愉快教学，提高教学效率。

愉快教学是要学生在愉快的学习氛围中发挥学习的主动性和积极性，兴趣盎然地专注地参与学习，从而提高教学效率，避免课堂沉闷，压抑学生潜能的发挥，以及阻碍学生身心的健康发展。

2. 培养学生美感，促进美育实施。

听一堂具有高超教学艺术的课，简直是一种美的享受。学生学习的过程同时也是审美的过程。教师美的形象与品格及美的语言、教态、板书等教学活动都影响着学生的审美感觉，形成良好的审美习惯和心理品格。因此，教师要充分发挥教学艺术的审美功能，对学生施行审美教育。

第二节　提高大学体育教学效率的方法

大学体育教学中应以学生为主，让学生从"要我学"到"我要学""学会"到"会学"的转变。在教学过程中，教师应该少一些对学生的束缚，多一些引导，让学生按照自己对技术动作的理解去活动。发掘学生的创新思维。在教学中，应该让学生在教师的引导下进行体验、反思、总结、评价中不断提高。来提高体育课堂教学效率。

体育教学不只是教师教学生学的认识的过程，而应该成为学生在教师的引导下，自主地参与学习，使学生的知识、情感、意志、行为等诸方面得到和谐发展的过程。怎样才能提高课堂效率，使学生变"要我学""要我练"为"我要学""我要练"呢？我认为应从以下几方面体现：

一、建立以学生为主体的课堂教学模式，让学生进行"自主学习"。

在体育教学中教师要转变角色，改"一言堂"为"群言堂"，变主讲为主导，让学生充分参与课堂教学活动，充分表现自己的才能，充分发展自己的个性，真正成为课堂教学的主人。当然，以学生为主体的课堂教学能否实现，主动权还是掌握在老师手里，教师只有真正认识了现在自己所处的地位和角色，学生的主体地位才能实现，教师也才能比以往的教学发挥更大的作用。通过导趣，引导学生乐学；通过导思，引导学生活学；通过导做，引导学生善学；通过导法，引导学生会学。如此，建立教师与学生之间的双边教学活动关系，真正实现教师由知识技能的传授者转化为学生发展的促进者，由学生的管理者转化为学生发展的引导者，把体育课堂教学活动提高到一个新的境界。

在以往的体育教学中，以教师的讲解示范，学生的模仿练习为主要途径。这种以"模仿、说教"为主的学习方式显然忽视了学生的学法和能动性，不利于学生的发展。我在篮球（行进间运球）的教学过程中，通过学生的主体参与，使学生获得主动表现的机会，从而创造性地学习，帮助学生实现"自主学习"。例如：在课的准备部分，教师、学生一人一球，在教师的引导下（手指拨球、绕腰、绕小腿等），让学生结合自身实际和对篮球的理解，进行"玩球"，有的学生在教师的引导之外，创编了新的玩球方法，如：胯下八字绕球、单腿跨运球、双腿跨运球、上抛击掌接球、击地反弹体转360度接球等等，提高了学生的练习兴趣，不但让学生熟悉了球性，还活动开了身体，并享受了体育锻炼的乐趣。通过这样教学方法，为学生提供了"自主学习" 的机会，培养了学生的创造能力，并达到了学习目标，充分体现了"自主学习"的优越性。在总结与评价时，学生们不但分清了运球与拍球的区别，还体会到了运球的部位。这样的教学可使学生变被动为主动，从而产生浓厚的兴趣，以积极、热情地态度投入到学习中去，而不是教师说什么，做什么，被动地接受，逐渐丧失了个性和创造。当然，教师对学生也不能完全地放任自流，而应对学生在练习中出现的错误动作及时加以纠正，使学生正确、有效地体悟到技术动作，这样有利于学生个性的发展，举一反三，完成"我要锻炼"到"我会锻炼"的认识飞跃。

"自主学习"不仅仅是让学生体验了成功、感受了快乐，而且在师生双边融洽的关系中学习，充满着友谊和欢乐，更让学生懂得了体育锻炼的方法。在教学中，我引导学生学习，不把现成的答案告诉学生，而让学生运用自己已有的感知与感性认识，发挥主观能动性，去探索解决问题的方法，从而较快地掌握所学技术动作和有关知识、方法及原理。从而让学生懂得自主锻炼的方法，养成自主锻炼的习惯，逐步养成终身体育的意识。

二、根据学生实际情况制定教学内容提高教学效率、效益。

大学教师要善于选择和编写教学内容，从众多的内容中寻找学生活动的兴趣点。课程改革并不是不假思索地全盘否定，传统教学内容是我们体育工作者几代人实践总结出的结晶，在教学实践中取得了较大的成果。教学内容的选择还要以传统的教材为框架，根据课程目标进行选择、取舍、组合，改变过去那种纯粹为学习某项技术动作或提高某项身体素质而教学的思想。如跳高中直线助跑、斜线助跑、弧线助跑；跨越式、剪式、俯卧式、背越式；联想生活实际模拟实效动作，如跌倒后的滚动；在利用现有教材内容教学的同时，教师要注意启发学生动脑运用联想，扩大教学效益，发展扩散性求异思维能力，并在此基础上创造学生自己见过或超越现有能力的动作方法，以此来对学生进行创新意识培养。

三、以学生为主体，发掘学生的创新思维。

教师要在体育课堂上扮演的是"导游"角色，将主动权还给学生，由学生自主学习，教师只是在其中做出相应的引导，并在教学中激励、唤醒学生的主体意识，变"要我学"为"我要学"。同时，教师还应该让学生成为思维的主体，变"学生跟着教师转，教师抱着学生走"为"教师顺着学生引，学生试着自己走"。在这样的教学角色的转变中，关键是教师要转变观念，放下架子，变"发令者"为"引导者"，教师还要理解学生知识上需求、情感上渴望、思想上的闪光点和模糊点，才可以在教学过程中有的放矢，最大限度地释放学生的主观能动性，在课堂上活跃起来，让学生行动起来，做到手、口、脑并用，知、情、意并行，从而使学生充分、自由地思考和想象，使其创造性思维多向发散。例如：在篮球的发球教学中，首先提问发球在比赛中有什么作用？怎样才能发得好，发得有质量？让学生开始动脑筋，去开始讨论。尽管学生们的讨论结果不全面，但却是学生自己的创新思维的一种锻炼，再与发球的动作要领及方法进行比较，不但让学生理解了发球动作的要领和过程，而且感受到了动脑筋的乐趣，还了解了自己的不足，开阔了思维的空间，活跃了课堂气氛。这样，学生的主体地位被突出，创新思维有了发展的空间，创新兴趣也越来越浓，创新能力也越来越强。

提倡"求异"，发展学生的创新思维。求异思维是创新的核心。提倡"求异"思维，教师就必须树立以学生为课堂主体的观念，把思维和表现的空间交给学生，让学生摆脱教师的思维圈子，在体育的天地里展开联想的翅膀。例如在教学"通过的封锁线"游戏时，我先将封锁线的障碍物一一列举，如钻过山洞、跃过小河、爬过电网、绕过地雷，并告诉学生如何通过这些障碍。让学生分组练习一遍后，我说："下面你们自己想一想通过这几个障碍物还有别的方法吗？"，于是同学们争先恐后说："游过小河""把电网剪一个洞钻过去""排掉地雷"等等，这种让学生先练习后有意识的鼓励了学生发挥想象，让他们心灵深处不断涌起创新的浪花，激励他们去探索、去创新、去主动学习以达到提高课堂效率的目的。

总之，我们要本着"以人为本"的现代教育理念，以"提高学生的审美能力，发展学生的创造性思维，形成良好的人文素养"为全新的内涵，显示出课堂勃勃生机。在教学中只有重视学生的个体差异，因材施教，转变评价机制，实施创新教学，才能提高课堂教学的效果，才能促进学生身心健康成长，让每个学生的个性得到充分自由的发展。

第三节 大学体育教学方法的问题及策略

当前我国的教育改革正如火如荼地进行，加强大学体育教学改革促进教学质量的提高，培养学生的体育精神，对促进学生全面发展就有着积极作用。本文主要就大学体育教学的功能以及重要性加以阐述，然后就当前大学体育教学的问题以及教学措施实施详细探究，希望能通过此次理论研究，有助于实际大学体育教学的良好发展。

大学体育教学过程中，由于受到传统教学思想观念因素的影响，教学中还存在着不科学支持，对学生的体育综合素质的培养有着不利。面对新的教学改革发展环境，就要充分注重大学体育教学的整体质量提高，注重教学模式的创新应用，通过从理论上深化大学体育教学研究，就能为实际教学提供相应参考。

一、大学体育教学的功能以及重要性

1. 大学体育教学的功能体现

大学体育教学有着诸多的功能，其中的娱乐功能是比较突出的。教育改革的进一步实施中，对学生的素质培养比较注重，高科技社会的到来使得学生对一些新技术的应用需求有着增加，如对电脑的应用，在长时间的应用过程中，没有注重控制时间，对学生的身体健康就有着很大影响，这就需要加强学生的体育锻炼，在大学体育教学方面能进一步强化，体育教学中的一些娱乐活动就能促进学生的身心健康发展，对放松学生的身体和神经就能起到积极作用，让学生能够劳逸结合。

大学体育教学中的教育功能发挥也比较重要。大学体育教育是全面性的，不仅仅是对学生的身体素质进行培养，也能通过体育教育对学生开展智育以及思想政治等教育活动，促进学生的全面发展。更为重要的是能够对学生的身体健康和心理健康能得到协调发展。通过体育教育对学生也能起到健身的作用，提高学生的体格以及促进学生新陈代谢，这对学生的身体健康平衡发展就有着积极作用。

2. 大学体育教学的重要性

处在当前的教学发展阶段，注重学生的素质提高就显得比较重要。大学体育教学中，注重改革深化实施，促进学生的全面体育素质的提高就成为重要的教学目标。大学体育教学改革的实施对我国教育战略的落实有着重要作用，这也是有效实施素质教育以及培养高素质人才的重要途径，在当前的大学体育教学过程中就要注重科学合理的教学改革措施实施，促进学生能主动积极地投入到体育锻炼活动当中去，加强学生的身体体质以及心理素质的提高。在教学改革的进一步实施下，就要充分重视教学理念以及教学方法方式的创新应用，为大学体育教学目标的实现打下坚实基础，为培养全面性的人才打下坚实基础。

二、当前大学体育教学的问题以及教学措施实施

1. 当前大学体育教学的问题分析

从当前我国的大学体育教学的现状能够看到，其中还存在着诸多问题有待解决，体现在体育教学的方法观念没有更新，不能很好地适应新时期的体育教学的要求。我国教育改革比较晚，大学的体育教学过程中还是采用传统的教学观念和方法，单纯对学生的身体素质进行锻炼，但是没有注重学生的道德教育以及思维能力的培养等，这就必然会影响学生的全面素质发展。体育教学中老师采用灌输式教学方法，只注重给学生的传递技能的内容，单一的手段很难激发学生的学习积极性，这对整体的体育教学质量的提高就有着阻碍。

大学体育教学中教师队伍建设没有加强。提高大学体育教学的整体质量，就要注重师资队伍的建设工作科学实施。但是当前大学体育教学过程中教师队伍建设还不完善，教师整体素质有待提高，一些老师的理论基础课程比较扎实，但是在体育实践教学能力方面还比较薄弱，这就影响了体育教学整体质量水平的提高。当前加强大学体育教师队伍的建设工作就显得比较重要。

大学生体育教学评价体系不科学。大学体育教学过程中通过科学完善的教学评价体系的实施，对学生的体育知识技能的学习能力提高，以及提高体育教学质量就有着积极作用，但是实际中体育教学评价体系的建设并没有完善，没有体现出客观公正和全面性，对学生的评价方法不正确影响了学生的学习积极性。

2. 当前大学体育教学的措施实施

为保障大学体育教学整体质量水平的提高，就要充分注重方法的科学应用，笔者结合实际就大学教育的措施进行如下探究：

第一，创新大学体育教学观念和方法。为促进大学体育教学的整体质量水平提高，就要充分注重思想观念的及时转变，和新课程标准的要求相契合，注重对学生体育素质的全面培养。体育老师自身要能够从实际出发，注重教学思维方式的转变，在体育教学方法的应用上也要注重创新，和学生的实际需求相结合，通过多样化的体育教学方法的应用，促进学生的体育知识技能学习积极性，让学生能主动地参与到体育教学活动当中去。

第二，注重体育教学内容的丰富创新。大学体育教学过程中的内容丰富创新是比较重要的，老师在教学中要注重对教学内容的及时更新转变，为学生提供新的教学知识内容，将体育教学的娱乐性以及健身性等功能得到充分的发挥，吸引学生能进入到体育教学情境当中去。对体育教学内容的丰富增加体育内容的娱乐性，促进学生能够养成锻炼身体的良好习惯。内容的设置要结合学生的运动能力以及生理机能和心理状况，促进教学内容的作用充分发挥。

第三，加强体育教学方式的多样化实施。大学体育教学过程中，要充分注重方式的多样化应用，教学过程中将学生的主体地位要加以突出和明确，通过多样化的教学方式实施调动学生体育学习的积极性。基础好的学生适当增加难度，结合学生的实际情况进行安排教学任务。对学生的体育技能以及理论知识双重重视，通过课外活动以及课内教学的结合，注重新的教学技术的应用，促进学生的体育综合素质提高。

第四，注重体育教学评价体系完善建立。大学体育教学中的教学评价体系的建立是比较重要的，要注重和实际教学现状进行紧密的结合，注重对教学评价体系的全面性和公正性，促进学生的体育知识技能学习，让教师通过教学评价体系的实施不断的优化体育教学，为学生的体育素质提高打下坚实的基础。

三、结语

总之，大学体育教学工作的开展，需要结合改革发展的要求，能够满足学生学习体育知识技能的要求，注重体育教学方法措施的科学性应用，只有从多方面进行考虑，才能真正有助于提高教学质量。希望能在此次的理论研究下，能进一步明确大学体育教学中的问题，并为解决实际问题起到一定启示作用。

第四节 常用教学方法在大学体育课程中的应用

为了落实国家关于"发展体育运动，增强人民体质"的教育方针，建设健康中国和人力资源强国，党的十八届三中全会做出了强化体育课和课外锻炼的重要部署，高职院校纷纷开设了"大学体育""体育与健康"等大学体育课程。"大学体育"课程，是各高职院校新生入学第一学年的必修课，是提高学生身体健康的主要手段，是学校素质教育的重要组成部分。通过有效合理的体育课程教学方式和锻炼方法，提高大学生身体素质，促进大学生身心健康全面发展。

大学体育课程常用的教学方法主要有：理论教学法、演示教学法、示范教学法、模拟教学法、纠错教学法。

一、理论教学法

体育教师根据学生特点和教学条件，选择符合国家体育教育政策方针的授课教材。通过课堂讲授，理论知识解说等形式，向大学生系统地传授体育科学知识的教学方法。运用理论教学法，体育教师对体育课程做出生动形象的描述，分析上下关键知识点的联系，可以让大学生快速系统全面的了解体育课程锻炼的要领。理论教学法主要有讲授和解说两种方式。讲授是指体育教师以某一个主题的体育理论知识进行系统讲述和分析说明。在讲授过程中，体育教师要做到授课内容通俗易懂、深入浅出，学生能够及时吸收理解。解说是指针对某一关键体育锻炼知识点进行重点分析解说，指出实现动作要求的要领。

二、演示教学法

体育教师根据教学内容和教学条件，在教学实施过程中，通过教学视频播放、Flash 动画、实物展示等方式进行演示教学。运用演示教学法，体育教师可以将枯燥的体育课程理论内容动态形象化，并在体育锻炼前进行课前预演。在演示过程中，体育教师要提出视频观看要求，让学生带着问题去观看，引导学生把注意力集中在动作实现关键点上。放慢教学视频的播放速度，让学生清晰地了解实现动作要领的全过程。定点实现动作技能的关键点，对该技术要领进行重点解说。演示教学法有助于培养学生的观察能力和思维能力，激发学生的学习积极性，提高学习效率。

三、示范教学法

体育教师根据大学体育课程标准要求，对整套体育技术动作进行分析，分解成若干个简单的基本动作，逐一向学生进行示范解说。在示范解说过程中，遵循深入浅出、由易到难的原则，让学生通过模仿初步了解基本动作要领，并通过连贯反复练习达到熟悉掌握整套动作要领，最终实现动作定形。示范教学法是大学体育课程中最常用的教学方法之一，主要的方式有：连贯动作示范、分解动作示范、对比动作示范。连贯动作示范要 求体育教师将某一体育科目动作按照国家体育科目训练标准，连续的、系统的进行全面示范。如：篮球运球、羽毛球发球、足球控球等动作比较适合连贯动作示范教学。分解动作示范要求体育教师将一个复杂的体育项目动作，分解成若干个简单的、相互关联的动作向学生进行示范解说。如：学生在进行跨栏练习时，体育教师可将跨栏动作分解成跨栏前动作姿势示范、起跳跨栏中动作控制、落地后身体姿势控制和下一跨栏步伐协调示范等。对比动作示范是体育教师将正确、标准的动作和学生在体育训练时出现的错误动作分别进行对比示范。通过对比示范教学，让学生可以更加清晰地认识到自己的错误，加深记忆，从而正确引导学生掌握动作要领。如：篮球投篮动作、游泳转身、竞走行走姿势等比较适合采用对比示范教学法。

四、纠错教学法

纠错教学法是指学生在体育训练时出现的各种不正规动作、错误问题及时进行纠正的一种教学方法。通过纠正错误，引导学生采用正确的动作进行体育锻炼，对保证体育训练安全、提高体育教学水平、增强体育训练效率、降低体育训练成本具有重要意义。学生在体育训练时，主要出现两个方面的错误：形体技术动作不标准和违反竞赛规则。形体技术动作不标准如：竞走行走姿势训练时，经常走着走着变成了小步慢跑了；游泳训练时，为了尽快到达终点，泳姿到最后变成了自由泳；在乒乓球扣球过程中，经常出现手压着桌子用力扣球的情况。违反竞赛规则如：足球比赛训练时，比较容易出现越位、拉扯对方球员等情况；径赛项目中，经常出现起步偷步、跑错赛道等情况；田赛项目中，经常出现越线起跳，落地向后倒的情况。在实际体育训练过程中，体育教师可通过三个步骤对学生进行及时纠错。当场及时指出学生出现错误的地方或者不标准的动作；模仿学生出错或者不标准的动作，深入剖析出错原因；现场示范正确标准的动作，讲解动作实现的要领和方法。如果学生的不标准动作得不到及时纠正，长而久之会形成错误的顽疾动作，不但会降低体育训练效果，还会影响比赛成绩，最终可能会发生安全事故。

五、模拟教学法

模拟教学法是在体育教师指导下，通过模拟角色、模拟场地、模拟情境、模拟设备，让学生在接近真实情境下反复练习，以规范学生的动作标准、提高动作技能水平的行为引导型教学方法。模拟教学安全可靠，能最大限度地减少学生在体育训练过程中出现的人身事故。基本动作练习和安全风险高的动作最适合使用模拟教学法。模拟教学过程中，对学生的基本动作训练进行辅导，及时纠正不标准动作，为下一步连贯训练打下坚实的基础。引导学生按动作标准进行反复练习，养成良好的训练习惯和安全意识。对学生的训练效果进行分析评价，调整训练进度，巩固训练成果。

大学体育教师在实际教学过程中，应根据校园环境、体育科目、教学内容、学生特点、教学条件和教学目标等因素，灵活的、创新的、有效性地选择教学方法。大学生在体育锻炼过程中，体育教师通过观察学生锻炼效果和适应情况，根据不同的个体情况和特点，不断调整体育教学方式，以达到合理高效的体育锻炼效果。

第五节　大学生体育意识的培养

体育意识是人的头脑对体育的本质属性的客观认识和对体育的主观态度和意识的综合心理体现。由于受传统体育教学模式的影响，学生的主体地位没有得到重视，体育意识缺乏，从而导致体育学习缺乏主动性和参与性，必要的体育行为得不到保证，直接影响到学生身心的全面发展和体育教学质量的提高。为此，必须加强对大学生体育意识的培养。

一直以来，德、智、体都是我国应试教育中不得或缺的内容，不管是小学还是大学，都设有体育课程，足见体育锻炼对于人的发展的重要性。但我们近几年发现大学生的体育意识很薄弱，生病肥胖的比例也在不断增长，我们不难由此看出培养大学生体育意识的重要性。

随着生产力的发展和科技的不断进步，人们的生活节奏也越来越快，这就对当今人们的身体健康提出了更高的要求。这尤其对于毕业后要进入社会的大学生来说，是一个不可回避的问题，这说明体育锻炼不仅仅影响到了自身健康，还对未来就业产生了不小的影响。但解决大学生体育意识的培养问题不只在于大学生自身，主要还借助于各大高校的课程教育。下面将讨论大学生体育课程设计中体育意识的培养。

一、大学生体育课程设计中体育意识的培养

1.对大学生户外锻炼能力的培养。

户外锻炼是大学生进行体育锻炼的一种日常的重要的方式，这是大学生自发进行的体育锻炼，是一种很好的行为，也是实现身体锻炼的基本保证。但这需要高校尽可能地加大对体育基础设施建设的力度，为学生们提供尽可能多的锻炼场地，配备更加专业的高质量的体育器材，和高素质、高能力的体育老师。

大学生的课余时间较多，在大量空闲时间里，不只是要学生自己有进行体育锻炼的意识，高校还应该结合本校的实际，支持学校的社团设立，尤其是体育方面的社团、俱乐部等组织，从而可以产生良好的体育学习和运动氛围，激发学生们的运动兴趣，进而引导学生进行体育活动，提高学生的运动水平，使同学们养成自我锻炼的体育意识，增强身体素质。

学校可以组织春游、爬山等多种形式的户外运动，使学生们在进行锻炼身体的同时，还能领略到大自然的风光，培养和加强同学们之间的友谊和班集体的凝聚力，使他们在其中享受到户外锻炼的乐趣，从而在日常生活中养成主动参与锻炼意识。

2.注重大学生学习兴趣的培养。

所谓萝卜白菜，各有所爱，每个大学生都有自己喜欢的体育项目，这是不能一概而论的，由于体育项目的多种多样，使得每个人的选择也丰富多样。这就需要大学高校花费一些心思，在设计大学体育课程时对每个年级、每个专业的在校大学生进行调查，从而设计更加符合院校学生爱好的课程，再基于自身经济条件的考虑和预算尽可能地满足每一个学生在体育课程方面的需求，如此就能够更有信心、更有把握提高大学生们的上课效率，保证每个学生得到真正而有效的锻炼。

3.配置专业的有活力的老师。

体育课程不同于其他文化类课程，文化类课程偏严谨、庄重，但是体育课程却要求学生们活泼一些、开放一些。这就需要教师充满活力，带动学生，尤其是带动一些害羞的、腼腆的学生进行体育锻炼，尽量避免教学中的刻板和过于严肃，以免使气氛变得尴尬，让含羞、腼腆的学生不敢展现自己，从而抑制了他们进行体育学习的兴趣。所以高校领导在选择体育教师的时候一定要统筹考虑，挑选热情活泼一些的教师。

体育教师不仅仅需要具备活泼这一特点，还需要具备扎实的专业知识。我们不能让学生们学习到的关于体育项目的动作或是专业性的知识是错误的或是不准确的，这不仅会让学生对体育的认知观念产生误解，影响未来的发展，更有可能丧失自己在体育方面的自信心，从而影响到自身体育意识的培养。所以说，高校的体育教师需要具备体育相关的专业知识，使学生们得到真正专业的训练，掌握科学的锻炼方式，真正喜欢上体育活动。

4.充分发挥体育竞赛的激励作用。

体育竞赛是使大学生进行体育意识培养的重要途径，也是促进大学生体育情感的产生和发展的重要途径。参与体育竞赛的学生们大多数是自愿参加的，这保证了学生进行体育锻炼的积极性，以竞赛的方式使学生们进行体育项目的锻炼，比一般的方式要更有利于培养体育意识。这是因为体育竞赛不仅仅是对于体育技巧和能力的考验，更是对人的意志力进行考验，因为如果是学生们自行自愿参加的话，肯定会发挥自己最大的水平、能力和意志力，所以体育竞赛的效果也要比其他类型的活动效果更好些。

体育竞赛的形式也不应拘泥于体育活动这一方面，也可以以知识竞赛等非运动比赛方式加以呈现，体育知识竞赛的举办不需考虑天气、时间等因素，场地也可以任意挑选，所以相对于正式的体育竞赛来说，举办起来变得更为简单。这种体育知识类竞赛的举办，使大学生的体育兴趣得到培养，进而激发学习体育理论知识的兴趣，更深入地将体育意识深入到大学生们的观念和意识中，使他们在不知不觉中就进行了体育意识的养成。这种竞赛的方式不仅在身体方面能加强学生们身体素质，还能在心理素质方面锻炼学生的抗压能力，培养他们的正确的竞争意识，这对于未来大学生就业也有一定帮助。

5.注重学生实践能力。

体育课程的教育更加注重的是学生们的实践能力，充分调动学生们的积极性、主动性，使他们懂得如何遵循人体的基本生理规律，结合自身性别、年龄、体质和基本体育知识基础等对运动量进行合理的安排。这需要高校在参考大学生兴趣设计课程之前，提供给学生相关的选择参考，让学生参与到设计和决策之中，为自己设立锻炼方案，自己控制运动时间和强度，从而提升自己的体育锻炼能力和体育运动水平。

6.加强体育锻炼的宣传教育工作，为学生灌输终身体育思想。

学校在进行体育课程设计并实施的同时，也要不断加强对大学生的体育锻炼进行宣传，在校园内，可以采用海报、专栏、广播、讲座的方式。其中讲座可以选择专业的、有权威的体育界精英，为学生们灌输终身锻炼体育的意识和思想。

所谓终身体育，这一概念来源于终身教育一词，是指一个人终身进行体育锻炼和学习，使身体健康，身心愉悦。人们自身的发展离不开不间断的体育锻炼，同时也需要遵循体育运动的规律。我们都知道体育锻炼对于人的身体健康有着十分积极的影响，在不同的人生阶段内也产生着不同的效果，完整的人生要经过三个发展阶段：一是生长发育阶段，这时体育锻炼的作用是促进身体的正常发育；二是成熟稳定阶段，这时体育锻炼的作用是使人保持充沛的体力和旺盛的精力；三是功能衰竭阶段，这时体育锻炼的作用是延缓衰老、延年益寿。从当代大学生的实际状况和年龄考虑，符合体育锻炼的第二个阶段，但也不能仅仅限于这一阶段，而是要不断掌握各个阶段的锻炼特点，以持续发展为理念，使大学生的体育锻炼意识的培养获得本质上的转变和升华。

二、结语

当代大学生进行体育锻炼的机会和想法变得越来越小，这就需要学校、教师和大学生三方面进行自我反思和更正。大学课程设计中对于大学生体育锻炼意识的培养也变得越来越重要，这不仅是出于对当代大学生身体健康的考虑，还基于对他们未来就业和终身体育锻炼的考虑。所以我们都不应忽视大学生体育课程设计中的体育锻炼意识的培养。

第六节　大学体育教学艺术的策略分析

本文就大学体育教学艺术策略的运用进行探讨分析，认为在大学的体育教学中适度使用教学艺术，不仅有利于教学综合质量的提高，还有利于学生的体育运动兴趣的激发及其潜能的挖掘。教师应在教学艺术的改革中形成自己风格鲜明及让学生能喜闻乐见的教学方式，且不断提高及充实自己，与时俱进、同步发展。

随着人类文明、科技的进步，现代体育与表演艺术、造型艺术、舞蹈及音乐的结合越为紧密，且一大批有艺术要求的体育形式、项目也随之涌现，这给体育增添了无限魅力及吸引力，使得体育有了较高审美价值。不仅如此，人们在认识体育运动上早已摆脱锻炼身体与增强体质的片面理解，进入到艺术享受层面的理解。

体育艺术不仅是体育与艺术简单的审美功能组合，还是其一切审美元素体现出来的有艺术欣赏价值的体育活动艺术，其包括运动环境美、运动形式美、人体形态美等因素，是人类科学、物质、文化、思想及道德等总体的发展水平。将艺术教育与体育教学，及在其他的人文学科补充下有机的组合，不仅可以引导大学生对体育艺术的创造及欣赏，还有利于其身心和谐发展，同时还有效提高其人文素养。

一、体育教学艺术的科学内涵

体育教学艺术是一种在体育教学的过程里，教师与重视开发课内外的体育信息时，积极地提倡多种类且适合学生自主锻炼与未来社会所需运动内容的教学策略。加强学生内心世界、精神生活的丰富，使其运动天赋、体育个性潜能得到充分发挥。

体育教学艺术是由体育艺术、教学艺术融合而来的，是教师的学识与智慧结合，及对教学方法、方式创造性运用的升华，本质是体育教学独创性、规律性的结合。唯有独创性的体育教学方富才会有浓厚的艺术魅力、感染力、吸引力，从而使得体育教学演变成一令人心情愉悦的过程。故，体育教学艺术又是教师们于长期的教学实践基础之上，对体育教学艺术不断追求与精心独创的结果。

二、体育教学艺术策略的人文价值

体育教学的任务是"促进学生身心健康全面发展"，其不仅包括了提高身体素质，还包括提高运动技术的水平，同时还应包括丰富体育文化素质与发展体育人文精神等。这一目标的实现，须将健身价值、人文价值的体育追求相结合起来，将对体育的关注从单纯竞技性体育层面中解脱出来，把艺术融入体育教学里，以全新的角度、方式去施教，激发学生体育热情，进而体现体育艺术教育的人文价值。

首先，其有利于促进大学生个性的发展。大学时代，是大学生形成正确的世界观、人生观和价值观的关键时期。大学生欣赏体育艺术的过程是追求、享受美的过程。在这一过程里，大学生自觉接受美的熏陶及陶冶个性。对其施以体育艺术教育，不仅有利于增强其挫折承受能力、交际能力、适应能力，还有利于其审美意识的培养，促进其于体育运动里逐渐迈向完善，全面发展其德智体。

其次，其有利于提高大学生的审美情绪。体育活动不仅是一项身体活动，还是一项心理活动，此中，大学生要用其审美观点理解、体会其间展现的躯体美及运动美，达到"身""心"间相互作用，追求与享受美。体育艺术教育须借助对审美学习于实践，提高学生的审美情趣、审美观念与审美能力，促进其身心和谐、健康发展。

再者，其有利于培养学生的创造能力。脑科学研究表明，人左脑主要司管抽象思维，即语言、理解、判断等；而右脑主要支配形象思维，即绘画、感知、音乐等，故又称"艺术脑"。 体育艺术教育有利于把严密逻辑生动形象化，将沉闷思路解脱逻辑束缚，获得新的创造力，平衡发展左、右脑思维能力，使得思维敏捷、集中，有助于大学生专业学习。体育艺术教育同时重视左脑逻辑思维、右脑形象思维发展与训练，成为大学生培养创造思维极佳途径。

三、大学体育教学艺术策略的应用技巧

（一）体育教学艺术策略的选择与安排

实验证明，人大脑皮层的不同的区域神经细胞关系着兴奋交替、信息输入有关。同时教育部明确指出，大学体育应根据学生心理、生理等特点安排教学内容。一节生动且活泼的体育课可促进大脑皮层的酶活性增强，及各认识活动增强。实践证明，学生注意力的集中程度在课的前半部分达到高峰，意志力则在中间部分达到高峰。

所以，教师在做课程安排时应注意，课堂准备部分着重激活学生心理机能，增强其学习兴趣，把其注意力转移到体育教学主要任务与内容上，打下良好的学习基本部分心理及生理基础。其次，在教学基本部分中，学生的感知、理解能力和注意力皆在相对高的水平上，这时教学很可能会事半功倍，应在完成学习锻炼的基础上，增加训练的难度。最后，课程结束部分中，学生体力减弱，意志力、注意力降低，应安排负荷不大的运动，应安排体操、舞蹈等轻松舒展的运动来做整理，使其于轻松愉快气氛中结束体育课。如此可轻松摆脱地摆脱大学时代的体育课错误感知、体育课厌恶情绪。

（二）体育教学艺术策略应加强学生能力及个性的培养

在我国，心理学界一般认为"个性是指表现在一个人身上的那些经常的、相

对稳定的、本质的心理特征"。而影响学生个性成型条件是"遗传是前提，环境是决定因素，教育是起主导作用"。这说明了个性在正确教育、良好环境，对世界观与人生观、价值观正成型的学生而言，其起着十分重大的作用。

培养学生的个性，首先应注重能力培养，即观察力、应变力、想象力、竞争力、问题解决能力等。在个性中，能力具有很大的可塑性，但其发展是个循而渐进的过程，我们不仅要注重倾向性，又要重视专业要求。其次，在培养学生的个性时，还要注重其需要及兴趣。需要是个性的源泉，兴趣则可以引导人寻找出途径与方法满足需要。故在大学体育教学中，应在保证教学目标完成的前提下，满足每个学生的自由发展需要，使得教学内容丰富多彩，使得学生热爱体育科学，保持与社会同步、协调。

（三）体育教学艺术策略应注重教学语言艺术

语言艺术在体育教学中起着很大的作用，准确简练、文明幽默且富含逻辑性的语言，不仅可运用至讲解动作技术上，还可用到思想、精神文明的教育上，营造一个和谐、融洽的教学氛围，这帮助学生的教学情感的陶冶，激发起好学情绪。

教学语言艺术直接影响教师的教学效果、教学质量，还影响学生终生的体育情结。因此，教师应不断探索出优美的教学语言艺术，并不断提高及完善其表达能力，充分利用积极、进去的语言激励学生。如何巧妙运用教学艺术组织教学及完成教学目标，这不仅是素质教育的需要，还是体育教师自身发展的需要。

四、大学体育教育艺术策略的意义

体育艺术是现代体育文化的大势所趋，其对现代体育产生着重大的影响。借以体育教学艺术策略，可以培养出大学生良好的人文精神及人文素质，以全面发展其身心这不仅是体育教学艺术的教学目标，更是一个重要高等教育目标，同时亦是我国大学体育教育应重视、研究及关心的问题。现代的教育论认为，学校潜在的意义在于限定在教育阶段中，培养学生于各种环境中独立学习、自我发展的能力。大学的体育教学也是如此。大学的体育教学的改革应该是坚持以人为本，采取高效有力的措施，培养出学生的体育意识、体育习惯及基本技能，为终身体育打下坚实的基础。促进阶段性教育向终身体育教育转向，是我国大学体育所面临的重要任务之一。

（一）体育教学艺术策略符合体育教学的时代需要。

上文可知，现代教育理论中学校意义在于教育阶段中培养学生于各种环境里独立学习、自我发展能力。大学的体育教学方向须坚持以人为本，采取强有力的手段去培养学生的终身体育意识及习惯、基本技能，为其终身体育奠定良好的基础。体育教学艺术人文内涵对大学生行为趋向、心理感受、文明导向、道德升华等皆有着很大的影响力。体育教学艺术不仅能是大学生了解、掌握相关的体育知识，同时还健全其人格，提高其审美情趣、培养其价值观与终生体育兴趣。

（二）体育教学艺术策略满足大学体育的多元化发展需要。

我国学校体育的基本目标是"普遍提高学生的体育素质"。其中这一目标不仅包含发展大学生身体素质，提高其运动水平，还包含了发展丰富其体育文化素质与体育人文精神等。高等教育肩负培养出各级优秀专业人才的时代使命，任务之一便是把全面整体的发展做为目标，促进人性完满、身心和谐发展。所以，体育教学艺术策略不仅是满足大学生对体育、艺术的需要，还是太高其体育素质、人文素质的一个重要途径。

（三）体育教学艺术策略满足符合了素质教育的要求。

传统大学体育教学至注重提高学生的知识记忆与运动能力，忽视学生的参与兴趣、合作意识、审美观念等诸多方面的要求。而体育教学艺术则可充分地适应新时代下社会发展对高素质人才提出的新要求，发挥其本质价值功能，不断地提高学生心理素质、健康意识及其适应环境的能力、关心社会，使得其懂得正确理清竞争、合作间的关系，促进校园文化丰富及活跃，以及促进开展、实施全民健身的计划。可见，这种在现代人才的培养观念基础上的教育形式，满足了素质教育提出的要求，亦将素质教育具体化。

（四）体育教学艺术策略有利于实现大学体育培养目标。

在"健康第一"的思想确立下，大学体育的培养目标发生了翻天覆地的变化，大学均在促进学生健康发展的目的下进行体育教学改革。课程结构的优化，发挥大学体育教育与艺术教育交叉渗透的作用，把体育教学艺术作为体育教学改革一个重要的切入点，以全新的角度及全新的方式去教育大学生，促使其身心和谐发展，这充分地体现党的教育方针针对大学体育提出的基本要求，有助于大学体育实现其培养目标。

五、结语

体育教学艺术策略将体育和艺术有机地一起融合，满足了学生的多层次体育需求、艺术需求。体育艺术教学对学生进行的道德、伦理与社会规范方面教育的作用，拥有其他方式所不可替代的独效。不仅如此，对大学生体育教育实行体育教学艺术策略，也是我国培养大学多元化人才的重要教育内容之一，更是现今社会发展的基本需要。

第七节 教师心理品质与体育教学

人民教师肩负着培养德、智、体、美全面发展的重任。教师不仅向学生传授知识、技术、技能，发展学生的智力、能力、体力，而且对学生的个性、品德、人生观的形成有直接影响。教师在教育过程中起主导作用，是启蒙教育的开拓者。因此除不断加强职业道德修养，热爱祖国，献身教育事业，不断探索教育规律外。还要对自己的心理素养有所认识。只有掌握好教师的心理活动规律，才能在教育实践中，根据心理特征，自觉培养和发展良好的心理品质。根据教育的需要，驾驭自己的心理过程，更好地完成教学任务。

一、应具备的良好的个性

个性：即个性心理特征。是一个人带有倾向性的比较稳定的心理特征。是兴趣、需要、能力、气质、性格的总和。它的主要表现是具有独特的风格，具有与他人不同的特点。教师良好的个性是坚定的信念，广泛的兴趣，聪颖的智慧、健康的情感、坚强的意志等心理特征的复杂综合体。这些因素直接影响着教师工作的成败，也直接影响着学生的个性品质的形成。

体育教师要具有一般教师的良好个性，也要具有适应本学科专业需要的个性心理品质。例如：体育教师应有独创性、顽强性、理智性等个性心理品质。体育教师要有坚定正确的政治观点，坚持四项基本原则，具有共产主义的道德品质和进取心。把自己的全部身心投入到体育工作中，树立为社会主义做贡献的思想。时刻以体育人苦练为国争光的事迹激励自己，以及在各种情况下，都能模范地遵守各项规章制度的工作作风。

二、应有健康的情感

教师的情感对学生有直接的感染力，是启动学生心灵的一把钥匙。体育工作具有特殊性。体育教师健康的情感，对于激发学生学习与锻炼的兴趣，开发学生的智力体力，转变学生的思想，塑造学生的心灵都具有重大意义。

（一）满怀热情的工作作风。

体育教师要热爱体育事业热爱学生。孔子说："欲先教之，必先爱之"。陶行知先生说："教师要做人民的朋友，要做学生的朋友"。因此教师要乐意把自己的一生献给这一伟大的事业。对工作有一种责任感、义务感、荣誉感、自豪感。一节好的体育课与教师的情感是分不开的。教师的热情可以直接感染学生的情绪，直接影响课堂气氛。正如德国教育家第斯多惠所说："教育唤醒蓬勃的生气！"所以教师在教学活动中应满怀热情的讲解，生动形象的示范，鼓励学生勇敢地去尝试锻炼。这样才能迅速把师生之间的心理距离缩短，并能产生心灵共鸣。教师只有对学生晓之以理、动之以情、关心爱护、平等对待、严格要求、学生才能产生一种真正的信任感、亲近感、崇敬感。使学生对教师安排的各种任务能自觉主动地进行练习。作为体育教师要热心于体育和各项活动。工作上有主动性、创造性。善于结合体育特点，创造适中轻松的气氛，遇事沉着、冷静、不乱发脾气，善于进行情绪的自我调节。

（二）高尚的情操。

教师必须具有集体主义精神、高尚的情操、吃苦耐劳的意志品质。急教学所急，处处关心爱护学生。发扬拼搏精神，促进文明建设。教师在任何场合下，都应表现出高尚的道德观理智感，并以高尚的情操去感染学生。体育教师幽默诙谐的语言，不仅能消除体育课中的紧张气氛，还能使学生在笑声中得到启迪。从而纠正错误，品味到师生之间的亲切、愉快、协调、合作的情感。但幽默的语言应该是有趣、可笑和意味深长的，生动形象的夸张是有限度的，决不能用低级庸俗的语言引学生发笑。

三、坚强的意志

意志是确定目标，选择手段，克服困难，达到目的心理过程。坚强的意志对体育教师来说具有特别重要的意义。一个好的体育教师要明确自己肩负工作的重大意义和人民对自己的期望。只有这样才能在任何情况下都能自觉主动坚持自己的教学与训练工作。体育教师工作十分复杂，学生的个性千差万别。体育教学中随时会出现难以预料的困难。作为一名合格体育教师应敢于知难而进，具有不怕困难的精神和不屈不挠的毅力。对工作持之以恒，善始善终，对学生要求明确、合理、严格、不朝令夕改。

沉着、自信、耐心、毅力是教师必备的品质。在教学过程中，体育教师会遇上一些不称心如意的事情，在这种情况下，就需要沉着、耐心和毅力。如果不沉着自制，采取简单粗暴的态度。不仅使问题得不到解决，有时还会使问题更加尖锐，矛盾会激化。具有良好品质的教师，就会沉着、自制，采取和蔼又严肃的态度。在弄清问题的基础上，诚恳的提出要求，学生会被教师的这种态度所感染，使问题得到解决。

四、和谐的人际关系

体育工作影响面广，涉及方面多。搞好学校体体育工作并非体育教师个人的事情。需要多方面的支持合作。如校领导、上级体育主管部门的领导、兄弟学校体育教师、班主任、学生家长等。有人说体育教师应该是社会活动家。这话有一定的道理。协调好师生之间的关系，是搞好教学与训练工作的前提。多关心学生的疾苦，关心学生的成长，沟通感情，增加愉快气氛，师生在交往中处于平等地位。这样都会给学生留下深刻印象，从而提高学生的上课积极性，同时也在一定程度上去影响学生团结友爱、互帮互助良好作风的形成。

五、结语

教师心理品质在体育教学中非常重要，教师应不断加强自身建设，努力培养自己良好的个性、品德，树立正确的人生观、价值观。从而在体育教学中使学生身心两方面得到锻炼，更好地完成教学任务，使学生真正成为全面发展的人才。

第四章　因材施教在大学体育教学中的应用

所谓因"材"施教，是指在教学过程中，教育者应该尊重和承认学生的个性差异。这种差异不仅表现为先天的遗传因素上的差别，而且还表现为其身心成长、美育形成与智力发展的后天条件上的差别。由于这样的差别，从而又导致了每个人在发展方向、发展速度及其最终能达到的发展水平上都有所不同。作为和学生直接打交道的教师应该在教学中注重这一问题。作为一名体育教师更应该根据不同的学生的不同特点进行不同方式的教育，使学生真正地得到身体素质的提高和对体育运动知识的认知。

第一节　大学体育教学因材施教策略分析

随着知识经济时代的到来，人们对教育也越来越重视。教育的普及化和通俗化，也让大学体育这一课程逐渐受到学生和家长的瞩目。大学体育教学不同于其他基础学科，可以通过文字或教师讲述，学生就能理解，体育教学讲究的是理论联系实际，因此这就要求体育教师在教学过程中采用因材施教的方法，将体育技能直观地展示在学生眼前，提高学生学习兴趣。本文就将针对大学体育教学如何做好因材施教法进行策略分析。

一、因材施教的目的

(一)因材施教可促进学生身心健康全面发展

在现代体育教学中，教学目标不仅仅是限于身体锻炼与动作技能的掌握，还必须有健康的心理。因材施教正是根据每个学生自身存在的差异，为每个学生发展提供平等机会，只有为每一位学生提供适合自身发展的学习机会才能促进其自身的发展，才能达到身心健康的目的。

(二)因材施教可提高学生学习的积极性

因为教学目标的设定都是根据学生的实际水平而定，在这样的教学中每一位学生都能处于积极活跃的练习状态之中，不断感受到求知和进步的乐趣，使每位学生都能学有所得，这增大了学生的学习积极性。

二、因材施教在现代体育教学中的具体应用

（一）根据学生差异进行分层

学生的身体形态、运动能力与身心素质等不尽相同，体育教学应该正视这些实际情况，根据教学总目标，并按合理的因素分成不同的教学层次，并对不同层次提出相应的教学目标和要求，才能使不同水平的学生都学有所成，都能体验到体育课的快乐。

传统的学生分组是按学生的性别、个子高矮、身形胖瘦分组。但学生身体条件和身体基础各不相同，存在着个体差异，所以教学中时常出现有些学生"吃不饱"，　有些学生"吃不了"的现象。这既影响教学进度又挫伤了学生的学习积极性、主动性。因此在现代体育教学中只有对学生分层并运用因材施教的教学方法手段，才能解决"吃不饱"和"吃不了"的现象，才能让学生体验运动的乐趣。

教学中可以采用"按素质、运动能力"分组、"按兴趣爱好自由结伴"分组等。如：在短跑教学中可按素质能力分组。将程度相近的学生编为一组，这样可以保证学生在不同水平起点上共同进步，各有提高；在球类课中，它的技术性较强，所以教师上课时把运动能力强，四肢协调性好的学生分为一组，增加教学难度，提高运动技术水平。把运动协调能力较弱的学生分为一组，降低教学难度，只要求其掌握基本动作，让他们感到通过自身不懈努力也能掌握动作，从而增强信心提高兴趣。

（二）采用灵活多变的教学手段

"教学有法，教无定法，贵在得法"。这就要求教师根据不同的教学内容和学生的能力水平，设计出符合学生身心发展的教学方法，使每个学生通过努力都能体验运动的乐趣、成功的快乐。如体育教学大纲规定的跳远内容，它也是锻炼标准达标内容之一。为了解决跳远教学的枯燥，教师可以根据场地情况以及学生体能的差异，设计多种形式的教学方法，来满足学生不同身体需求，同时也能达到教学要求，完成教学任务。如设计"蛙跳""自由跳""助跑练习""立定跳"几种练习交替进行，让学生自由发挥，不仅使体育能力好的同学展示了自己的才能，也使体育能力弱的同学完成教学任务。具体方法如下：

（1）把操场分为几段，一段蛙跳练习；一段助跑练习；一段自由跳练习；一段立定跳练习。

（2）小组设定目标结伴进行。

（3）根据自身情况和兴趣爱好穿插各种动作。

（4）要求所有动作都必须在跑跳中进行；练习前，教师讲解练习方法，提出要求。任务下达后，学生就会根据自己的兴趣、实际情况进行练习，既解决了枯燥无味的机械运动，学生又进行了自主学习，没有了压抑感。在这个环节中，教师要注意观察学生情况，随时用语言给予鼓励、点拨、纠正错误动作。

（三）对学生进行分层评价

人的身体素质、运动能力又有强弱之分。传统教学目标的确定未考虑学生个体的差异，考试和评定体育课成绩模式单一，易挫伤学生的积极性。体育基础好的、身体素质强的学生，不需要努力可轻易获得好成绩；体育基础差的、身体素质差的学生，即使刻苦练习，成绩仍然不理想。在教学中，除采用传统的考试评分外，还应增加平时"积极练习"评分方法，即我们平时说的"态度分"。这样身体素质好的学生，不认真练习，就无法获得优秀；身体素质差的，通过刻苦勤奋的练习，既能学会体育技术技能，增强体质，又能获得良好的成绩。这种方法采用后，促进好的学生会更精益求精，而身体素质差的学生也不因为自己的身体素质、体育能力差，而对体育课失去信心。

总之，在教学中采用因材施教方法，能针对不同的学生进行对应的教学，做到以学生为本，充分发挥学生的积极性和主动性，有效地解决了"一刀切"的教学模式，克服了教学内容与学生学习兴趣的矛盾，创造了良好的课堂教学氛围，形成成功的激励机制，确保每一个学生都有所进步。

三、因材施教对于大学体育的意义和方法

随着素质教育的普及以及新课标的不断改革与完善，大学体育在不断发展中教学方式也越来越多样化。因材施教是很多大学学校在体育教学中都应用的一种教学方式。因材施教从理论上讲是从学生的实际出发，以激发学生的学习需求为目标，发挥学生的主体作用的一种教学方式。

从理论上讲因材施教是指针对学习的人的志趣、能力等具体情况 进行不同的教育。因材施教的教育方式始于孔子，发展于王守仁、陶行知。目前，这种教育

方式在中国教育中被普遍应用，尤其是在大学体育教育中。在大学体育教育中涉及身体技能的学习，因材施教在整个教学过程中起到了很重要的作用。

（一）体育教育中因材施教的重要性

通过我国大多数地区在大学新课改教育中对体育教学方法的改革发现，因材施教是一种很有效果的方法，无论是对学生还是学校都有着很重要的作用。其重要性表现在以下几个方面。

1. 有利于新课改教育的完善

大学体育课作为课程改革的一部分，在教学中贯彻了新课改的新理念。很多大学响应新课改，倡导体育教师在教学过程中注重因材施教。可以说，这种由于新课改要求而出现的因材施教的方式　在教学过程中，更注重学生的心态与体改，收到了很好的效果。

2. 有利于调动学生学习体育的积极性

大学体育教育中采用因材施教，能够通过对学生优点以及缺点进行分析，采用不同的教学方式，来获得教育效果。学生的生理状况存在差异性，譬如有的学生体能比较好，而有的学生弹跳能力比较好，加之学生的"生物钟"不同，如果教师在体育教育中因材施教引导学生正常训练，就会让学生发挥优点，避开缺点，从而调动学生学习体育的积极性。

3. 有利于大学体育教育的发展

因材施教的教学方式在体育教学中的运用，一方面使学生在认知　水平、生理、智能乃至气质等方面都有提高，另一方面也可以提高教师的业务能力，可以让教师在今后的教学中更具针对性地制定教学战略。这样对于体育教育的发展有着极其重要的作用，可以推动大学体育教育的发展。

（二）因材施教的教学方法

在大学体育教学中，因材施教的教学方法多种多样，主要表现在以下几个方面。

1. 分层次教学法

分层教学法从理论上讲就是指教师根据学生现有的知识、潜力倾向把学生各自水平相近的群体分成几组，并根据他们的特点进行不同的教育。这在大学体育教育中表现得极为明显，譬如铅球运动，由于大学男生和女生身体发育有着极大的区别，从他们的身体素质考虑，投掷铅球，男生一般是以5KG 为主，而女生一般则是以4KG为主。

2. 结对教学法

结对教学法主要是让能力比较强的学生纠正能力比较差的学生的动作，这样一方面可以减轻差生的自卑心理，在他们结对学习的过程中，能力强的学生可以潜移默化地去帮助差生提高能力。譬如跳山羊，有个别的女生，她们始终不敢去跳。在这种情况下，考虑到大学学生的敏感心理，体育教师就可以给她们安排一个跳得比较好的女生去开导、辅导她们，这样起到的效果较之教师自己去教要好。

3. 竞赛教学法

竞赛教学法主要是学生在体育活动中进行相互竞争以决胜负的一种方法。大学生在发展过程中正处于好强心比较强的年龄段，体育教师可以根据他们的这一心理，以一种标准定制一定的奖项，提升学生学习体育的积极性。比如，在跳远运动中，根据不同的身高分不同的组，各组之间竞赛，获胜的组可以获得相应的奖励，这样就会极大 地挖掘学生的潜力。

4. 困难教学法

困难教学法主要是指根据教学目标来设置不同程度的障碍以提升学生能力的

方法。大学体育教育方式主要是在体育教育中给大学学生设置困难。譬如跳高，我们可以给学生设置一个他们未曾跳过的高　度，让他们达到这个目标，这样学生的好强心理就会让他们不断练习，　提升他们的跳跃能力。

（三）因材施教教学方法起到的效果

通过实践我们可以发现，因材施教教学方法的应用，起到了良好的效果，主要表现在以下几个方面。

1. 提升了学生综合能力

体育教师采用因材施教的教育方式，能够使得不同能力和不同层次的学生都会获得学习的成就感和身体素质的提升，这就使得学生的总体技能水平不断提高。可以挖掘学生的潜力，尤其是对于正在发育时期的大学生，可以提高他们的身体素质和心理素质。通过体育锻炼，　还可提升学生的综合能力，这样对于大学生的综合素质以及心理素质　都有比较好的提升，为其今后的发展奠定比较好的基础。

2. 提升了教师的业务能力

大学体育教师进行的因材施教源于大学体育教师对教材的认知　钻研以及对大学生心理的了解，因此这督促着体育教师不断钻研教材，学习了解大学生的心理，这样，他们才会制定有效果的课案。这就潜移默化地提升了教师的业务能力，提高了教师的教学水平，教师业务水平以及教学水平的提升又可以推动大学体育教育的发展。

3. 推动了新课改的发展

随着我国教育的发展，新一轮基础教育课程改革正在进行，新课改要求根据新课程的培养目标对现行课程结构进行调整。通过实践，我们发现在体育教育中应用因材施教的教学方式，有利于学生学习兴趣的提升，相对于传统的教学方式，更获得教师和学生的喜欢，这就　推动了新课改的发展，推动了素质教育改革。

因材施教在体育教学中的应用，对大学教育极为有利，一方面可以有利于调动学生学习的积极性，使得学生怀着兴趣去学习体育，另一方面可以获得技能方面的提升。在今后的体育教育中，大学体育教师要在实践中总结经验，进一步提高教师业务发展水平，更好地完善　因材施教，推动大学体育教育的发展，为新课改的发展做出贡献。

第二节　女生体育教学的特点和指导实践

女生是未来的母亲，女生的身体健康与否，直接影响到下一代的健康。从优生优育的角度来说，女生的体育教育将关系到中华民族的兴衰，关系到提高我国人口质量，强国强民的大事。重视与加强女生的体育教育，是一项具有现实意义、又有战略意义的工作。

一、女生的生理特点与心理特点

(一)女生的生理特点

大学阶段，在生理的发展上，正处于成熟期。从男女生理特点看，10岁以前几乎没有什么明显差异，但从青春期开始，男女学生生理上发生了明显的变化，而且差别日趋显著，表现在身高、体重、胸围、盆腔等形态方面。

女子胸部比男子短，但腰部较长，所以躯干相对长，下肢相对短；女生肩部较窄、骨盆较宽，所以封闭骨盆下口的骨盆底肌承受的压力较大。

女生的脊柱软骨层较厚、关节、韧带的弹性与灵活性较好，但是各关节比较松弛，易受到损伤。女生的腰椎较长，腹腔前壁相应比男生长，而腹腔内脏器官，对腹腔前壁的压力较大，但女生腹腔肌比较弱，女生生殖器官以处在骨盆腔内，所以，加强女生腰腹肌的训练，具有强体保健的重要意义。

(二)女生的心理特点

性成熟在大学生心理形成与发展上起很大的作用，对于女学生来说，尽管有一定生理知识，但对于月经的出现，还会感到强烈的不安和恐惧，甚至感到害羞而产生一些孤立和自卑感，在体育活动中表现胆怯、不相信自己的力量；不愿在男性面前做练习，有些自尊心较强，腼腆敏感。做动作时往往情绪不够稳定，犹豫不决。大学女生兴趣是多种多样的，但又带有很大的倾向性，爱美的意识在增强，她们需要的陶冶与情感的体验，女生多小说、电影、戏剧、音乐、舞蹈感兴趣，特别追求形体的健美和匀称的体型，因而对有助于体型健美的运动项目，以及富有韵律感又有配乐练习的艺术体操、舞蹈、健美操等具有深厚的兴趣，而对一些竞争激烈，对抗性强的运动项目则表现消极，甚至有些畏难情绪。大学女生这种特殊的心理和体育兴趣有倾向性，是同她们青春期的生理特征密切相关、相互影响的，体育教师应因势利导，科学合理的组织体育教学和指导她们进行体育锻炼。

二、女生体育课的特点与指导

(一)提高女生对体育课的认识

应努力提高女生对体育课的认识，使学生充分认识到掌握三基，对锻炼身体，提高自身的文化素养、终身受益，振兴中华的深远意义。有针对性的加强女生体育卫生保健基础知识的教育，引发她们正确学习动机和深厚的体育锻炼的兴趣，采取多样手段与方法，培养她们勇于拼搏、积极进取的精神。

(二)教材要适应女生的生理与心理特点

选择一些形体训练教材，如韵律体操、艺术体操、平衡木、高低杠等教学内容。

形体训练是发展学生感受美、欣赏美、表达美的能力，特别是女生进入青春期后，由于乳房的发育，致使一些女生因为害羞的心理而常常含胸驼背形成脊柱弯曲等不良体态。通过形体美的训练，进行身体美，动作美的教育，有助于她们养成正确的姿势，形成健美的体型，促进她们身心正常发育。艺术体操是融体育、音乐、舞蹈于一体的女生运动项目，它以独特音乐伴奏、健美的造型和富于韵律的动作组合感染力，吸引更多的女性参加锻炼。

(三)教法手段重在提高身体素质和运动能力。

在教法手段上，选用一些多样化的诱导练习、辅助练习，努力提高 女生身体素质和运动能力。教学中可以编选一些双人操、绳操、球操、纱巾操等。还可以通过一些小型活泼的游戏方法来发展女学生的体能，创造一些身体素质练习。例如，体育课尽可能采用音乐伴奏等方法，以提高女生的情趣和动作的美感。

三、对女生体育教学应注意的事项

1.教师的教态、仪表、行为举止，应给女学生建立一个良好的印象，特别是男教师更应注意。

教师给予学生帮助与保护时，动作要适度、态度要认真、举止要大方。要充分发挥小组长培养和体育干部的作用，在教师的指导下，让学生相互保护，这样可以消除学生紧张的心理和各种顾虑，进而收到较好的教学效果。

2.对体弱生和后进生要多照顾、多关心、多体贴，教师要循循善诱，热情帮助、指导鼓励，不要冷嘲热讽，伤害学生的自尊心、自信心。

3.在组织工作上应重视与加强培训，交代任务，使她们在体育教学中，发挥带头与助手作用。

4.在女生体育教学中，要处理好见习生工作，设立登记卡制度，以掌握女生月经期情况。

要依据每个学生健康情况，经期反应，做好教学见习的不同安排，但要注意锻炼卫生、安全养护、量力而行。注意不能蛮干而影响学生的身心健康，也不能采取放任自流，让学生静养旁观，应组织适宜的练习活动。

四、注意处理好女生和教师的关系

作为一名体育教师对学生的态度要好，特别是女生，她们对有些动作本来就存在不敢做，怕羞、胆小等心理障碍，如果给她们生硬的言语，效果更差，甚至会起反面影响，因此师生关系一定要处好。所以，教师态度的和谐是师生情感融洽的一种表现。当师生相互尊重，相互爱护，学生与老师在心理上就亲近。相反，教师总是生硬的态度，对学生发号施令，要求学生绝对服从，特别是女生一个月总有特殊的日子，与有的男教师请假一样不准，从表面上看是严，实际上说重了是"蛮"。久而久之，学习兴趣会荡然无存，对体育课产生怕的感觉，教学效果可想而知，所以，教师与学生的关系保持平等相待，互相尊重使学生爱上体育课。教师的言谈举止所流露出的情感信息，能为学生敏感地接受，能沟通师生思想加强情感交流。

总之，教学过程中，要想提高女同学的学习积极性，必须根据年龄特征，正确引导，培养她们终身体育意识，把她们的积极性调动起来，使上体育课难的问题得以解决，学生的身体健康得到保证。

第三节 体育"后进生"的兴趣培养

现在的大学生大部分都很喜欢上体育课,都喜欢在阳光下奔跑的感觉。但其中也有少数的学生对体育运动提不起兴趣,特别是练习技术动作时,更是毫无冲动的可言。对于这小部分学生,体育老师最为头痛,因为这些学生往往是班中"体育后进生",他们体育成绩非常不理想。这样长久下来,学生会产生逃避心理,以至出现体育恐惧心,造成学生的心理问题。因此,对后进生的体育兴趣的培养,改变学生学习状态,是我们体育教师值得研究的。

体育后进生产生的原因一般有以下几种:没有真正认识体育锻炼对身体健康的意义;运动能力差,缺乏情感体验;先天身体素质差,运动中很少体验到成功的乐趣;由于客观条件差,制约了兴趣爱好的培养,使其兴趣爱好单一;自卑心理强,性格内向;意志品质弱,怕脏、怕流汗等。

一、教师在教法上要灵活多样

体育教学的手段和方法动用是否合理,是影响学生学习兴趣不可忽视的重要因素。这就要求教师认真分析教材,研究和掌握学生的心理和实际情况,改善传统的灌输式教学方法。因人、因时的灵活地选用教学手段,激发学生学习的兴趣。如可采用一些情景教学,"秋收春种""小蝌蚪找妈妈"等,让学生有个想象的环境与空间,有利于大学生提高学习的兴趣。又如,跨越式跳高教学中,学生对横杆有恐惧感,就用橡皮筋代替横杆,同时,降低高度,消除恐惧感。这些都对"后进生"有帮助。

二、教师区别对待"体育后进生"

体育教师对后进生个别指导、区别对待，使他们增强信心，是掌握技术的一个重要手段。"后进生"他们害怕对抗性强或单独表现的项目，怕丢面子，自尊心特强。因而在教学法中应以平等的态度对待他们，对他们多一点尊重。特别在运动不理想，或是运动动作没有到位时，老师切忌对完不成动作的后进生横加指责，讽刺挖苦，要尊重他们的建议和意见。如发现他们上课时情绪不对或脸色不好时，教师应主动询问其身体健康情况，并给予适当的安排调节。也可对"后进生"成绩的评定，以低于其他学生的成绩，来进行评定。对有进步大的学生，期末成绩评为"优秀"。

三、善于发现他们的一点点微小的进步与"闪光点"

每位学生在练习过程中，都会有进步。当他有一点点小的进步时，老师要及时抓住这一点点进步，加以全班学生的表扬，过后会有更高的积极性，当再有一点进步时，他会主动报告老师。这样一来，其他的学生也是一种鞭策。当有时，后进生有"闪光点"时，老师也加以表扬，增强学生信心。

四、消除学生的羞怯与自卑心理。

成功的体验可以使人增强信心，克服自卑感，提高成就动机，淡化挫折带来的心理压力。对后进生进行合理的正确表扬，有利于后进生及时了解自己锻炼的效果和进步的程度，从而增强信心，唤起获得成绩的愿望，促进他们很快地掌握技术的进程。对后进生的表扬，哪怕是细微的进步，都是难能可贵的，要及时给予肯定，及时进行表扬。在表扬的基础上提出新的标准，成为新的奋斗目标，以便通过自身努力尽快摘掉"后进生"的帽子。在实际中，后进生往往因运动成绩差而与表扬无缘，这对后进生的成长是十分不利的。如果在教学中根据后进生的不同特点，循序渐进地逐步提出要求，只要他们通过努力达到了要求，就及时给予表扬鼓励，使他们每前进一步都能产生成功的情绪体验并在精神上得到满足，从而使他们更加有信心去实现教师提出的更高要求。

体育"后进生"在班级中的数量不多，却是一个不容忽视的群体。体育教师应该加强自己的业务能力，不断提高教学水平，激发他们的学习兴趣和潜能。体育教师对待不同类型的"后进生"要将其分门别类，有针对性地，有计划地帮助他们逐渐转变，切忌手段简单，态度粗暴的不良现象出现。体育教师在情感上与他们相触，这是转变后进生的前提，"后进生"会在教师的感召下，选用科学的锻炼方法，尽快赶上正常的队伍。

第四节 体育教学与个性心理品质

注重学生德、智、体等方面全面提高，又促进学生个性生动活泼主动的发展是当前教育改革的指导思想，是各级各类学校对课程设置的总体要求。所谓个性，是指一个人在生理素质和个性心理特征的基础上，在一定的社会历史条件下，通过社会生活的实践锻炼与陶冶，逐步形成的观念、态度、习惯与行为等。它是一个人比较稳定的生理、心理素质和社会行为特征的总和。个性并不是社会环境的消极产物，而是人类在掌握社会经验和周围现实的活动中，通过动机、兴趣、理想、信念等内部世界体现出来的。

发展个性与全面发展是不矛盾的。全面发展是指一个人的智力和体力得到充分自由的发展。但每个人的智力和体力是有差别的，因而不能要求每个人在各个方面都一样的发展，不能要求每个人都有相同的兴趣和爱好等。由于参加体育活动的自发性和反复性，所以给予个性的形成和发展有很大的影响。国外很多研究表明，学生时代所获得的户外锻炼的经验，到成人后能够促使其积极地参加体育活动，而且在运动中不可缺少的体力，技能、勇敢、果断、灵敏以及机智等品质，可以在同辈群体中受到较高的评价。

在体育教学中影响个性形成与发展的因素很多。首先是环境的因素。优雅整洁的体育场地，团结互助的集体，民主和谐的教学氛围势必会使学生积极地投入到体育教学中去。其次是学生的自我意识。客观的对自己进行评价，从中找出自己的优势和长处，从而发现自己个性中出色部分，从深刻的自我认识，自我发现开始，向更高层次的自我提高前进，正是运动技能学习场景所具有的促使自我意识形成的因素。第三是群体的约束。促使个性能够积极地进行自我提高的动力之一，是群体所具有的促使个性形成的一种功能。

在大学生的各种需求中，对社会参加和社会承认的需求表现得特别强烈。因此，良好的体力和技能，机智和勇敢等品质将受到好评，不遵守群体规范的行为将受到惩罚。群体的约束迫使成员不得不改变自己的某些特征。最后，学生主体的积极性也是影响个性形成与发展的重要因素。学生反复持续的努力，不断的自我克服，自我超越，不断向新的高度挑战，就会培养出勇敢顽强、沉着冷静、努力进取的精神。

根据以上因素，我们在体育教学中只有做到以下几点，才能完成学校赋予体育的任务，才能在体育教学中真正实现"健康第一"的思想，才能促进学生个性的形成和发展。

第一，设定阶段目标。我们可以把体育课的总目标设定为多个中间层次的目标，每个中间层次的目标又可分为若干具体的目标。这样使学生能够循序的去实现目标。当达到一个具体目标时，又有一个新的目标摆在前面，从而唤起学生不断地向更高目标进去的愿望。

第二，采用练习——测验——比赛的循环方式进行体育课的教学。首先从练习开始，经过模拟测验，练习比赛，最后以正式比赛或测验结束的程序比传统的教学模式更能够促进学生个性的形成和发展。

第三，要尊重学生的自主性和创造性。让学生参加到教学计划的制定，教学过程的组织等活动。在每次课都应该留出一定的时间给学生自由练习，从而满足学生的不同需求。

第四，在体育课教学之外，要建立健全各种体育兴趣小组，组织相关的竞赛活动，提供学生个性特长展示的机会，从而使学生向更高目标前进。

第五，要建立民主平等的师生关系和生生关系，创造民主和谐的教学氛围。倡导互相接受，互相适应，互相理解，互相尊重。树立尊重他人个性，维护他人尊严的教学观。让学生充分领悟到教师的爱和集体的温暖，及时制止学生间的讽刺讥笑等恶习。

第五章 优化大学体育教学内容的研究

在高校体育教学中，体育教学内容体系的构建与优化是其中一个的重要组成部分，也是高校体育改革的主攻方向。体育教学是整个学生教育系统的基础，只有基础夯实牢固，才能取得更大进步。随着体育教学改革力度的不断加大，体育教学项目不断更新，传统上的体育教学也有了创新式的教学模式。

一直以来，大学体育教学都作为一种可控制系统存在着，其主要涵盖了教学内容、教学方法、场地器材、操作程序、教师要求以及教学目标等因素，大学体育教学内容和过程结构是能够将整个体育教学模式支撑起来的骨架，其能够充分体现出体育教学模式的稳定性。

第一节 大学体育教学过程内容设置现状

随着我国经济的快速发展，社会对复合型人才的需求也更加旺盛，而大学担负着为社会培养优秀人才的重任，但因为受到传统体育教学思想的影响，目前一些体育教学理念和模式，已经不再能适应素质教育对人才的教育需求，为了顺应潮流，真正做到以人为本，就需要对传统教学模式做出创新与改革，注重大学生身心健康，培养其良好的体魄，让更优秀而全面的人才服务于社会。

一、我国当前大学体育课堂教学状况

（一）大学体育课堂教学理念不先进

我国目前的大学教育，沿袭了凯夫体育的教学理念，整个体育教学的理论框架相对滞后于现今教育需求，这种传统教学模式已经逐渐不能满足大学生不断发展的身体锻炼需要，例如缺少综合性的锻炼科目，体育教材落后等，与目前的终身体育的教学目标有一些不协调，这些都是亟待解决的教学管理问题。

（二）大学体育课程设置不合理

目前的大学体育教学大纲，内容计划等，存在着过于统一和规范的问题，这种过于重视社会价值，而对大学生的个性需求忽视的价值导向，使得体育教学严谨而枯燥，教学内容单一而呆板，整个教学方式程式化严重，不仅对体育教师造成一定的思想束缚，也让大学生参与体育活动的积极性减弱，丧失对体育的兴趣。

（三）教学方式有待创新

大多数体育老师仍然使用传统的讲解法，竞赛法等教学方法，遵循的也是一成不变的标准化的教材，以学生为中心的教学方式没有大面积铺开，过分重视理论与技术，轻视学生的个性与实际需求，使得学生学习主动性降低，阻碍了对新型复合型人才的培养。

（四）体育考核评估模式有待改进

应试教育的主要考评方式是"达标制"，这种方式片面的追求达标分数，限制了学生对体育项目的自主选择权利，对不同的学生使用同样的考核标准，忽视了学生之间的个体差异，起不到对体育教学的检验作用。

二、大学体育课堂发展措施

（一）强化素质教育理念

大学的体育教学，是为了让大学生更加全面的发展而开展起来的，最终的教学关键，是为了让学生能够在竞争与协作中，培养其进取，团结，顽强，合作等优秀的思想品质，从而通过体育教学，提高国民的综合素质，在大力提倡素质教育的背景下，大学体育课堂教学，应该树立起以人为本的正确理念，将学生作为教育工作的中心，围绕怎样促进学习者的发展而进行，传统的将竞技技能作为教学中心的教学体系，应该改进为以促进学生健康，增强学生体魄为教学目的，根据不同学生的兴趣和自身的身体条件，引导学生进行不同体育锻炼，让学生对体育产生兴趣，培养起终身体育的观念，养成良好的运动习惯，让学生在轻松和谐的教学气氛中得到发展。要推行体育教学中的素质教育，首先要进行观念的改变，体育教学不仅仅是要提升身体技能，还要让学生的实践能力、创新意识得到培养，让身体素质作为载体，推动其他方面素质的发展，最终促进人的全面发展。

（二）提高教师队伍素质

大学体育教师是教学中的关键，是顺利进行体育课堂教学改革的主体，只有加强教师的素质建设，打造复合型的体育教师，才能有效地将体育教学的科学理论，转变成优秀的教学实践能力，教师队伍的建设应主要关注两个方面：

1.稳定教师队伍。

大胆选拔业务能力强，有突出贡献的教师，尤其是青年教师。通过良好的考评和激励机制，使得教师能够安心教学，有工作劲头。

2.加强职业培训，提升教师素质。

通过研讨和培训，锤炼教师的综合能力与素质，增强体育教师教学使命感，提高思想道德素质，让教师的知识和能力结构得到不断完善，能够在教学中发挥创造性，解决实际问题。

（三）创新教学模式

大学课堂对学生的培养应该多样化，个性化，注重学校教育与社会生活的结合，引入先进的课堂教育思想，寓教于乐，促进学生的身心健康发展。我国是一个快速发展的转型中的社会，大学教育应该根据社会发展的具体特点和我国国情，采用新模式。在教学模式选择上，要以学生是否愿意接受作为检验成效的标准，让不同身体素质的学生都能得到适宜的锻炼和学习，并且将单纯的课堂教学，转变为课内外一体化，多层次的教学，充分兼顾不同地区和不同学习者的差异，心理生理特点，将现代体育与娱乐，健身，生活融为一体，满足学生的选择自主权。

在创新教学模式上，有一些备受学生喜爱的教学方式，例如体育社团、民族传统体育等。前者能够弥补体育课堂时间短的缺憾，将课堂教学和课外活动有效结合，课程开设灵活，没有时间和空间限制，能有效激发学生热情。民族传统体育具有很好的地域特点，能让学生在锻炼中体会到体育项目的精神内涵，同时起到文化传承和身体锻炼的效果。

大学体育课堂教育的目的是要促进大学生身心健康发展，不仅仅是身体的强健，也担负着心理素质和个人品质的教育，我国社会的发展日新月异，知识更新速度也很快，大学教育者必须先增强个人的教学水平，坚持以学生为中心的思想，建立多元化教学方式，增强学生的体育素养，培养学生的坚强意志，树立起学生的终身健身意识，让大学成为真正的高素质人才的摇篮。

第二节　大学体育的课程设置

随着现代化的推进，时代对人才的要求不再只是注重成绩，而是要求"德、智、体、美、劳"全面发展。大学生作为即将步入社会的群体，其整体素质的高低直接关系到社会群体的整体素质水平。体育教育作为大学生素质教育中极其重要的一部分，其成功与否直接关系到学生的健康成长，和祖国建设后备力量的质量。而大学体育课程教育作为教授大学生体育知识的主要渠道，应根据时代以及学生的特点，利用有限的资源，遵循一定的原则和规律，实现资源的最大化利用，以促进学生的全面发展，达到教学相长的目的。

大学体育教育，是高校体育工作的重心，是大学生素质教育以及培养全面发展高素质人才的重要组织形式，其质量高低直接关系到学生的体育能力和体育水平。大学体育课程是实　施体育教育的重要形式，其目的在于指导学生进行合理、经常、科学的锻炼，有效促进学生　体质的提高、生理和心理的健康发展，并培养学生的终生体育意识、体育锻炼能力以及自觉　锻炼的习惯。现阶段的大多数高校的体育教育中，从总体上看教学相对过去确实有了很大的　改善，但是课程设置上仍然存在众多的不合理现象，过于注重对学生进行"一视同仁"、目标性极强的运动技能的拓展，而忽视了学生群体以及个体的特点、忽视了对学生体育能力、体育习惯以及体育意识的培养等。因此，如何在高校体育教育中，对体育课程进行有原则、有规律的设置，培养学生的体育能力、体育意识，促进学生的全面发展，是高校教育面临的重大问题，是教育发展的趋势。因此，在现阶段探讨大学体育课程设置中的原则和规律问题 的意义极其重大。

一、设置大学体育课程的必要性

体育教育是大学教育中的必不可少的有机构成，其对促进学生德智体美劳的全面发展起 着不可忽视的作用。因此在高校教育中，设置体育课程具有极大的必要性。

（一）促进学生体质提高和全面发展

由于大学生尚处在大学生向青年过渡的时期，这一阶段的身体锻炼在人的一生中影响是 比较大的，通过设置体育课程，促使学生进行定期体育锻炼，能促进过渡阶段身体素质的提 高。同时，由于学生在大学期间，学习任务、生活压力相对来说还是比较沉重，长时间思想 上的压迫和束缚，使其精神状态处在昏沉状态，迫切需要得到调节。体育锻炼可以为他们提 供一种健康的、放松精神的有效途径，舒缓其心情，让久经紧绷的心情得到放松，调节学习 的状态，使其在后续的学习中更加充满活力。

（二）提高学生的锻炼积极性

对于大多数大学生来说，他们在步入大学以前的学习生活是紧紧围绕着学习的， 缺乏体 育意识，因此，在步入大学后，很多人会对锻炼缺乏热情——即便是能意识到锻炼的重要作 用，但是却在行动上无法迈出那一步。这也是导致我国大学生整体身体素质下滑的重要原因。 采取体育锻炼课程化的形式，能在很大程度上提高学生参与锻炼的积极性，培养学生的体育 能力和体育意识，并帮助他们养成体育锻炼的好习惯。

（三）锻炼学生的思想精神

通过体育锻炼，学生进行自我身体完善及与他人协作的同时，能逐渐树立积

极健康的心 态，提高学生的综合心理素质，为今后的学习、生活、工作中遇到的困难做好准备，激发学 生敢于面对、敢于拼搏、敢于进取、勇于坚持的勇气和毅力，做身体健康、心理阳光的新时 期全面发展的高素质人才。

二、大学体育课程设置的原则及规律

大学期间是一个特殊的时期，其不同于高中及以前的大学生阶段，也不同于大学之后的青年阶段。这个时期的学生在身体和心理上都是处于转型期，一方面，还处在不成熟的状态；另一方面，学生也存在自己个性化的一面。因此，这个时期的体育课程设置面临的挑战也是极其艰巨的，应遵循一定的原则和规律，以适应这个阶段的学生特点，引导学生积极进行体育锻炼，实现身体和心理的健康转型。

（一）基础理论和体育实践并重，循序渐进

众所周知，在一般的体育教学中，实践课所占比例是极大的，因而造成了体育教育中普 遍存在重视实践教学而忽略了理论教学，由此造成了无论是社会还是学校对体育教学的不够 重视。随着社会的进步与发展，现如今，体育教学的目的不单单是以实践为主了，而是更注 重学生的全面发展。而大学生尚处在刚从高中走出来的阶段，对一些体育实践中的技能课尚 缺乏正确的理解，因此，理论教学必然是必不可少的。这一方面，是适应学生特殊时期的转 变；另一方面，也是为了后续进行正常的实践工作做好铺垫。通过基础理论教学，让学生对 一些基本的体育锻炼概念、注意事项、基本常识进行了解，有助于提高学生的体育意识和锻炼的重视度。同时，在基本的理论教学学习之后，为了更有效地巩固理论知识，应循序渐进采用适当 的体育实践，让学生在实践状态下，利用有限资源，积极参与锻炼，对所学理论进行巩固， 加深体育锻炼项目的印象，提高锻炼意识。

（二）适应学生年龄特点，因材施教，由易到难

由于大学阶段学生在身体、心理上都处在不稳定的转型期，因此，这个阶段的体育教学 课程设置应根据学生的年龄特点，因材施教，由易到难。大学期间体育课程的开设一般是 年，即大一、大二、大三，由于每个阶段的学生都具有不同的特点，因此这三个阶段的课程设置也不尽相同。大一阶段处在大学体育教育的基础阶段，这一阶段的学生处在刚刚脱离高中"纯理论学习"的时期，理论学习能力较强，同时体育实践能力上尚有提高，因此这一阶段主要是夯实理论基础的阶段。大二阶段，学生已在理论上具备了一定的基础，但是实践上 尚未有成熟的思想，因此这一阶段应结合学生个人的特点，开设一部分较容易的实践课程，如中长跑、跳、单双杠，等等。大三阶段，应该说学生已经是处于相对成熟的阶段，这一阶段，可以选择适当难度的体育实践，对学生进行培养，如游泳、障碍、攀岩等。以此根据学生不同的年龄阶段，进行不同方式的体育培养，以在体育教学上实现连贯性，同时实现教学目标。

三、总结

大学阶段是个特殊时期，体育课程的设置要根据这一时期的学生特点，理论和实践学习 并重，在教学上实现循序渐进，引导学生由易到难逐渐掌握大学体育教学的内容，培养学生 体育能力、体育意识，养成自觉锻炼的好习惯，做新时期全面发展的高素质人才，为祖国建 设储备尖端后备力量。

第三节 大学体育的教学内容开发

人类追求健康的脚步从未停止过，从传统的生物健康观到三维健康观再发展到后来的多元健康观，人们对现代生活压力下健康意义的认识也变得更为宽泛和准确。随着我国社会经济的快速发展，物质生活条件有了显著提高，但人们的健康水平并没有得到相应性增长，特别是广大大学生和大学生群体，他们的身体机能和素质却呈逐年下降的趋势。全国大学生体质与健康的监测资料进行分析，结果表明，近些年大学生普遍存在着身体素质与运动能力下降、肺活量及肺活量，体重指数降低等问题。全面提高学生的体质，缩短与发达国家的差距，是我国体育卫生工作的重要任务之一。

党和国家高度重视学生的体质与健康状况，为此出台了一系列文件，如《国家学生体质健康标准》《关于开展全国亿万学生阳光体育运动的通知》等，在一定程度上促进了大学生体育活动的开展，但这种近乎强迫式的运动干预，并没有收到理想的预期效果。究其原因，学生对健康认识的偏差和对运动项目的"不感兴趣" 成为影响其锻炼恒常性的最主要因素。

我国的高等教育体育课程改革已持续数年，取得了众多研究成果，运动场馆设施的完善、体育课程内容的拓展，为学生提供了多元化、个性化的发展平台，但由于我国地域条件的差异、经济发展水平的不同，很多学校的体育资源还相对匮乏，怎样利用现有资源进行体育课程的改革，形成特色鲜明的"校本课程"体系，使学生能够自觉地动起来，是广大教育者应该思索的问题。

经调查，绝大部分高校将一、二年级公共体育课定为必修课，其中一年级开设基础课，授课内容包括跑、跳等田径项目以及篮球、排球、体操、武术等，以传授基础知识、基本技术和技能为主。二年级进行选项课的学习，学生按照"三自主"的原则进行选课，内容也得到了进一步拓展，主要包括：篮球、排球、足球、乒乓球、羽毛球、田径、体育保健、网球、健美操、体育舞蹈等，少数条件较好的高校也尝试开设了攀岩、定向越野、搏击、高尔夫、轮滑等新兴体育项目，受到学生的欢迎。在对民族传统体育项目的利用上，仅有少数几所高校开设了相关课程，利用率和开发程度相对较低口。

专家对高校体育教学情况进行了调查，结果显示：体育课程教学内容单一、枯燥，竞技色彩浓、趣味性不够，难以满足学生的社会发展和个体发展需求。应根据不同专业类型开设相应运动项目，进行职业实用性身体训练，如旅游专业的学生可增加户外、越野，导游、酒店管理专业可增加形体、瑜伽、舞蹈训练，道桥、市政专业的学生增加游泳、攀爬等训练内容一。

在理论教学方面，大部分学校都存在着不同程度的"欠账"，致使学生理论知识匮乏，从而造成锻炼行为的盲目性和随意性。

一、普通高校体育课程理论资源的开发

（一）静下心来，为健康打分

什么是健康？怎样才算健康？你是一个健康的人吗？对于大多数即使是受过高等教育的大学生来说，健康的概念似乎仍旧停留在不生病＝健康的层面上，他们并没有意识到这种理解的偏斜和错误。这也成为影响学生参与体育锻炼积极性的一个根本因素。面对如此情形，就需要体育教师加以正确引导，用《大学生体质健康标准测试》来检验学生的体质状况，用《中国大学生心理健康量表》来判

断心理健康程度，用《中国大学生社会适应量表》来衡量社会适应能力的强弱，并建立评价体系综合分析学生的健康状况，筛选出那些不健康或亚健康的个体，让他们清楚自身的健康水平，从思想上产生紧迫感和危机感。

（二）转变思想观念，形成体育自觉

大学体育的根本任务不仅仅是让学生掌握一两门运动技能，更重要的是能够转变人们固有而不科学的思想观念，形成终身体育的意识，培养真正意义上的体育自觉，即较为清楚地知晓自身的身体机能状况；体育喜好及不足之处；明白各类项目的运动意义和锻炼方法；能为自己开具科学合理的运动处方；对运动美有较强的鉴赏能力等。当这种认知得到强化后，就将成为行为改变的动力，即形成有益健康的"知信行"模式。

（三）构建立体化理论学习平台

随着我国社会经济的转型，学生获取知识的渠道也更加多元化，除了在课堂上学习知识外，书刊、报纸、电视、广播、网络等媒体每天都向外传播着大量的信息，充分利用这些媒介构建立体化的理论学习平台，将会极大地扩展理论知识的传播途径。我们可以通过橱窗、校报、校广播电台来宣传普及体育知识，也可以建设专业的互联网站，采用QQ聊天、在线交流、网络留言等方式来加强师生之间的沟通，帮助解决学生在体育实践中所遇到的各种困难和疑惑。

二、普通高校体育课程实践资源的开发

大学体育实践教学资源的开发是指在贯彻《普通高等学校体育教学大纲》的前提下，根据学校的教学目标和实际，充分利用学校和周边的各种环境和条件，将理论教学和实践教学有机结合起来，影响和改变学生认知结构，促进学生全面发展的一系列内、外部条件的总和。体育课程理论资源的丰富与拓展使学生在心

理上产生了运动的渴望，为锻炼动机的内化奠定了良好基础，但在实践中往往因为找不到自己感兴趣的运动项目而倍受打击，怎样根据学校自身条件对运动项目进行科学化改造，更好地解决"供需矛盾"，开发出更多新项目来满足学生多样化的需求，使他们真正喜欢上运动。竞技体育项目的开发和改造。

（一）竞技项目的开发和改造

一直以来，竞技体育项目做为我国学校体育的主要教学内容，为学生身体素质的发展起到了积极的推动作用，但随着独生子女的增多，身体素质的下滑及意志力的减退，竞技项目的要求与学生的可接受力之间存在着一定的矛盾。一些锻炼效果好的项目，如跨栏、中长跑等逐渐被边缘化，怎样继续发挥这些项目的竞争性、规则性、不确定性和游戏性优势使学生乐于参与，这就需要我们对器材和规则做出相应改造，降低难度，增强娱乐性。降低难度，学生敢于接受体育锻炼安全性是首要的，在练习中，安全性若得不到保障，不但达不到健身的效果，还会使学生的身心受到伤害。

举例来说，公体院校每年举行的田径运动会，其中跨栏项目的高度是严格按照竞赛规则设定的，面对如此高栏，对于平时缺乏练习的选手来说，只能望栏兴叹。大多数选手会选择跳栏、推栏、绕栏的方式完成比赛，在比赛中摔倒甚至受伤的现象也时有发生，观众非但没有得到运动视觉享受，反而会为参赛同学的安全性感到担忧，这样的比赛也成为运动会上一道别样的"风景"。像跨栏这样专业性较强的运动项目对于普通大学生而言确实很难，在平时的练习过程中，我们可以通过降低高度的方式来提高学生的可参与性，克服心理上的恐惧，再由易到难、循序渐进地掌握技术。

传统的竞技体育项目具有较强的竞技性，对器材也有相应的标准和要求，对技术的要求也较高。如排球课的教学比赛，有时候一次发球就得分或者失分，回合球太少，缺乏对抗性、连续性和观赏性。到了冬天，球会"变"得很硬，打在手上很痛，也使得很多女生产生畏难情绪，不愿意去打排球。这时如果我们用软式排球或气排球代替硬排，情况就会好很多，这种球飞行速度较慢，不易死球，来回球增多，增加了趣味性，而且球质地柔软，不会对手产生过多的不良刺激，学生的练习积极性也会得到有效提升。

（二）新兴运动项目的开发和利用

新兴体育项目是指在国际上比较流行，国内开展不久或国内新创的，深受大学生喜爱并适合在学校开展的运动项目，如攀岩、跆拳道、轮滑、滑板、高尔夫、沙滩排球、网球、射击等。这些项目受到绝大多数大学生的喜爱和推崇，体现了他们追求新、奇、炫的心理特点，但这些项目对场地、器材、师资等都有较高的要求。项目的选择生活中的所有事物都是可能的课程内容资源，但不一定都能成为现实的课程内容资源。学校在选择开设项目时应结合学校的实际情况，量力而行。在经济条件较好的高校可以根据项目的需要进行场地的建设，或者因地制宜，租用学校附近的俱乐部或社区的场地进行教学。条件一般的学校则应选择像跆拳道、轮滑、滑板等对场馆要求不太高的项目。

教师的教学素养、课程观念、创新精神、专业知识都会直接影响到实践教学资源开发的广度和深度。由于新兴项目开展时间短，体育教师专业技能进修机会少，导致部分项目师资力量的极度欠缺。针对这种情况，我们可以利用假期送相关教师去体育院校或俱乐部进行专项学习、培训的方式加以解决。除此之外，还可以尝试教师加协会的联合授课模式，即从学生运动协会抽调1—2名具有相关特长的体育骨干，负责技术动作的讲解、示范，教师则进行教学的组织和管理，以合作的方式共同完成教学内容。同时教师也要积极努力，争取通过一至两个学期的学习能够掌握基本动作技能，达到独立承担教学任务的目的。

（三）民族传统体育项目的借鉴和改良

中国民族传统体育，是由各民族共同创造的，其中既有体现中原文化、草原民族文化与南方水域民族文化特点的运动内容，又有盛行于历代民间节令和宫廷中的民俗体育形式。丰富多彩的传统体育文化，显示了中华民族的智慧与勇敢，体现了民族的英武与蛮健，更寄托了对人性的完美追求民族传统体育种类繁多，但其大多具有较强的民族性和地域性，包含较强的文化韵味。在汉人聚集区，我们不应苛求人们对多民族文化的理解和推崇。在项目选择时应有所甄别，集体性项目如珍珠球；技巧性项目如踢毽球、打陀螺、抖空竹；力量性项目如角力、摔跤；武术类如太极拳、木兰系列；棋类项目如围棋、象棋以及拔河、放风筝等。这些项目符合大学生的身心发展特点，对场地器材没有特殊的要求，易于开展和普及。同时我们也可以根据教学要求对项目规则进行适当修改，降低难度，增强趣味性，以便更好地服务教学。

三、小结

体育教学改革的最终目的是让学生形成体育自觉，养成终身体育的习惯，这是一项复杂而又艰巨的系统工程，需要各方面的共同努力。学生在思想产生需要向行动付诸实践的进程中，课程内容的拓展与更新是引发他们锻炼兴趣的最主要因素。立体化理论知识平台的构建、传统竞技体育项目的变革和改造、新兴运动项目的开发和利用、民族传统体育项目的借鉴和改良，是丰富体育课程资源的重要途径，这就要求广大教师要做有心人，要善于观察、总结和思考。教师和学生在体育教学互动中创造出的各种活动形式及其生成的各种信息，将是充满无限生机的体育课程资源，这种经验性课程资源是我们开发和利用素材性课程资源的不竭动力。

第四节 大学体育与智力的开发

在倡导终身体育教育的今天，学校体育工作在抓好对学生身体教育的同时，也承担着开发学生智力，对学生进行美育教育等任务。因此，广大体育教师在体育动作和技巧的训练中要注重对学生智力的训练与提高，进而为社会培养全面加特长的人才。

学校体育教学、体育训练和体育竞赛的实践和结果证明，体育教育实际上是直接开发智力的重要手段，是开发智力的不可缺少的重要组成部分。体育与智育密不可分，二者相互联系，相互作用。物质决定意识，身体素质就是物质因素，而学生智力发展水平就是意识领域的问题，身体素质越发达，学生的智力水平就越高。大学生的体质愈强愈有利于他们对科学文化的学习和智力的发展。因为体育锻炼能增进身体特别是大脑的机能潜力，提高大脑的工作效率。在大学体育教学中，努力探索改进教学方法，不但可以提高体育教学质量，而且可以更好地提高大学生的体育智力水平。

一、体育教学对培养思维能力的影响

由于体育教学、体育训练内容的多样性，运动技术、技能形成的连锁性，体育竞赛的复杂性、变化性，必然会促使学生产生一系列的积极的思维活动。学习运动技术是在建立运动表象的基础上，不断对所学动作进行分析、比较、概括、综合、抽象、记忆等复杂的思维活动。运动技术、技能的形成是在深刻地理解动作本质联系的基础上，在大脑皮层下不断泛化、分化、强化下而产生结果。而体育竞赛，不仅仅是技术、技能与体力的比赛，而是激烈的智力较量。体育教育培养学生各种思维品质、发展学生的思维能力，由于体育动作迅速，迫使思维也进行得迅速，思维不仅迅速地在动作中得以体现，而且还必须在行动中不断校正，尤其在体育竞赛中。由于学生的各种运动受时间、场地、规则的限制，受对手的制约，又因为比赛的瞬息万变，因此要求学生能在瞬间迅速、灵活地处理各种信息。

二、体育教学对训练学生记忆能力的影响

人们依靠记忆才能把经验保存在自己的头脑中，在经验恢复的基础上进行思维、想象，然后把两者的结果再作为经验保存在头脑中，作为下一步思维和想象的基础。由此可见，记忆给体育教学与体育训练成效提供了必要的知识经验，体育教育对发展学生的记忆品质有其独特的作用，而记忆是智力发展和从事各种活动的必要条件。体育教学和体育训练的大部分时间在户外进行，学生不可能随堂看教材、记笔记、听录音……以便课后慢慢理解、消化。因此，要求学生在上课或训练时必须迅速识记教材内容，包括教师的理论阐述、动作讲解，教师示范动作的结构特征与顺序。在自身练习时，学生又通过追忆动作的形象、要领及完整技术动作的顺序，以联想和再现的方式在大脑中形成正确动作的运动表象并指导自己的学习实践。这实践就是一个培养和训练学生记忆敏捷性的过程。

三、有利于提高学生注意能力和想象能力

想象是人在头脑中把过去感知过的形象进行加工、整理后所产生的一种新的形象。它常常是创造性思维的开始。想象能力在人们智力品质中价值很高。一个想象能力丰富的人，往往创造性较强。在体育教学中，通过想象、模仿及表现动作的内涵，去体验各种感知和情感。这一过程正是想象得到创造性再现的过程。

注意力是指心理活动时，对一定对象的指向和集中的能力，它是智力因素中不可缺少的组成部分。良好的注意力品质必须有稳定性，即能较长时间内把注意力集中到一个对象上；同时又要善于转移，即能根据需要自觉地把注意力迅速转移到新的对象上。体育教学与体育训练为培养学生的注意品质提供良好条件，因为多数体育项目要求人的注意力必须有高度集中和稳定，如：武术、体操、球类、冰上运动等，必须有高度的注意力和稳定能力。实践证明，体育教育对培养和锻炼学生的多种注意力品质是行之有效的。

四、有利于全面培养学生观察能力

观察能力是一种有目的、有准备、主动的知识能力，是智力的门户。它的最佳品质是敏捷、正确、深刻和完善。在体育教学中，学生学习和掌握任何一种技能是首先通过观察教师的示范动作形成视觉表象，然后通过自己的练习形成相互的动觉表象，而做出符合要求的动作。当粗略地掌握技术动作后，还必须反复深刻地观察教师示范动作的细微结构，通过对比、分析来改进和完善自己的动作。此外，运动技术的多样性和复杂性，体育竞赛中的变化性和规则性，造就了学生在控制自己注意的稳定性同时，还须要扩大范围。球类运动中要求学生准确地观察目标的距离，观察同伴和对手的运动方向和位置的变化。田径运动需要估计目标的方位、高度和距离。体操和武术运动须凭视觉与平衡来辨别身体各部分的空间位置。这些项目选择观察对象上的敏捷性，在复杂背景中迅速区分出观察对象主体的精确性是建立在敏锐、深刻的观察能力的基础上的。而这种观察能力是通过比较、对比、想象、推理等多种方式，在复杂多样、千差万别的环境中训练而成的。就培养学生观察能力这一点而言，体育教育的功能是任何学科所不能与之相比较的。

总之，体育教育作为发展智力的一种重要手段，不仅能为智力发展创造良好的生理条件，而且能与智育一起从不同层次，以不同方式挖掘学生的潜力、发展学生的智力。只有正确地评价体育教育在智育教育中的作用，才能使德智体三者并重，在教育领域里，充分利用体育教育这一强有力的手段，大力发展学生智力，培养和造就二十一世纪的创造性人才。

五、大学体育教学如何做好学生智力开发

体育教学具有特殊的教育职能，它不仅发展人的身体，同时还具有开发学生智力的职能。体育教学与智力开发存在着必然的内在联系，其对智力发展有着特殊的积极作用。

由于体育教学、体育训练内容的多样性，运动技术、技能形成的连锁性，体育竞赛的复杂性、变化性，必然会促使学生产生一系列的积极的思维活动。学习运动技术是在建立运动表象的基础上，不断对所学动作进行分析、比较、概括、综合、抽象、记忆等复杂的思维活动。运动技术、技能的形成是在深刻地理解动作本质联系的基础上，在大脑皮层下不断泛化、分化、强化下而产生结果。而体育竞赛，不仅仅是技术、技能与体力的比赛，而是激烈的智力较量。体育教育培养学生各种思维品质、发展学生的思维能力，由于体育动作迅速，迫使思维也进行得迅速，思维不仅迅速地在动作中得以体现，而且还必须在行动中不断校正，尤其在体育竞赛中。由于学生的各种运动受时间、场地、规则的限制，受对手的制约，又因为比赛的瞬息万变，因此要求学生能在瞬间迅速、灵活地处理各种信息。

人们依靠记忆才能把经验保存在自己的头脑中，在经验恢复的基础上进行思维、想象，然后把两者的结果再作为经验保存在头脑中，作为下一步思维和想象的基础。由此可见，记忆给体育教学与体育训练成效提供了必要的知识经验，体育教育对发展学生的记忆品质有其独特的作用，而记忆是智力发展和从事各种活动的必要条件。体育教学和体育训练的大部分时间在户外进行，学生不可能随堂看教材、记笔记、听录音……以便课后慢慢理解、消化。因此，要求学生在上课或训练时必须迅速识记教材内容，包括教师的理论阐述、动作讲解，教师示范动作的结构特征与顺序。在自身练习时，学生又通过追忆动作的形象、要领及完整技术动作的顺序，以联想和再现的方式在大脑中形成正确动作的运动表象并指导自己的学习实践。这实践就是一个培养和训练学生记忆敏捷性的过程。

想象是人在头脑中把过去感知过的形象进行加工、整理后所产生的一种新的形象。它常常是创造性思维的开始。想象能力在人们智力品质中价值很高。一个想象能力丰富的人，往往创造性较强。在体育教学中，通过想象、模仿及表现动作的内涵，去体验各种感知和情感。这一过程正是想象得到创造性再现的过程。注意力是指心理活动时，对一定对象的指向和集中的能力，它是智力因素中不可缺少的组成部分。良好的注意力品质必须有稳定性，即能较长时间内把注意力集中到一个对象上；同时又要善于转移，即能根据需要自觉地把注意力迅速转移到新的对象上。体育教学与体育训练为培养学生的注意品质提供良好条件，因为多数体育项目要求人的注意力必须有高度集中和稳定，如：武术、体操、球类、冰上运动等，必须有高度的注意力和稳定能力。实践证明，体育教育对培养和锻炼学生的多种注意力品质是行之有效的。4 有利于全面培养学生观察能力观察能力是一种有目的、有准备、主动的知识能力，是智力的门户。它的最佳品质是敏捷、正确、深刻和完善。在体育教学中，学生学习和掌握任何一种技能是首先通过观察教师的示范动作形成视觉表象，然后通过自己的练习形成相互的动觉表象，而做出符合要求的动作。当粗略地掌握技术动作后，还必须反复深刻地观察教师示范动作的细微结构，通过对比、分析来改进和完善自己的动作。此外，运动技术的多样性和复杂性，体育竞赛中的变化性和规则性，造就了学生在控制自己注意的稳定性同时，还须要扩大范围。球类运动中要求学生准确地观察目标的距离，观察同伴和对手的运动方向和位置的变化。田径运动需要估计目标的方位、高度和距离。体操和武术运动须凭视觉与平衡来辩别身体各部分的空间位置。

这些项目选择观察对象上的敏捷性，在复杂背景中迅速区分出观察对象主体的精确性是建立在敏锐、深刻的观察能力的基础上的。而这种观察能力是通过比较、对比、想象、推理等多种方式，在复杂多样、千差万别的环境中训练而成的。就培养学生观察能力这一点而言，体育教育的功能是任何学科所不能与之相比较的。

一些教师有个误区就是认为开发智力是文化课教师的责任，只能依赖于智育教育，而体育教育对智力的影响仅限于增强体质，其实，强健的体质为开发智力奠定必要的物质基础，体育教育对智力开发起到了全面的直接的作用。

第五节 大学体育与德育的渗透

教书育人是每个教师的责任，教书和育人二者是不可分割的，是相互联系的，教书离不开育人，而德育是高校教育中的重要任务，是为社会培养人才的重要基础，体育课因其特殊的教学形式和内容，使高校德育在体育教学中有着特殊的教育意义，它在教学生学习掌握体育基本知识的同时就对学生进行了人生观的教育。毛泽东曾经说过"体育是载知识之车，寓道德之舍，不仅可以强筋骨，而且有增知识、调感情、强意志之效"。本文就是想通过体育教学的德育渗透提高当代大学生的德、智、体等全面发展，为社会培养合格人才。

随着飞速发展和竞争力越来越强的社会发展，要求我们培养出来的人才要能适应多变的社会环境，大学生的思想还未成熟，他们的思想观念。思维方式还未形成，他们会受到社会。家庭、环境和自身心理生理的影响，这就要求我们在体育教学中，不仅要使学生掌握体育理论知识和技术，掌握终身锻炼身体的方法，更要教会学生如何做人，怎样面对坎坷的人生，树立正确的人生观。价值观和奉献的高尚道德品质。

在体育教学中教师和学生之间是信息交流、情感交流和肢体交流的广泛运用，由于体育教学的形式灵活多样，使学生身体要承受一定的负荷，在心理和行为上受到约束，为体育教学提供了进行德育教育得天独厚的优越性。

师生之间的心理沟通是教学的魅力所在，教师在真正了解学生的心理，才能使学生理解教师的心理，把整个身心投入到教学中；学生也随着教师的思路去完成教学任务，达到身心健康，为终身锻炼打好基础。

现在的大学生在心理和生理上具有他的特殊性，在心理上表现出当代大学生身上大多数因心身疲乏、紧张不安、心理矛盾冲突、遇到突如其来的问题或面临难以协调的矛盾时，表现出感觉过敏或减退、体感异常、错觉、幻觉、遗忘、疑病妄想、语词新作、意识模糊、紊乱的心理特点和难以相处等心理活动方面；行为方面表现出焦虑、冷漠、固执、攻击、心情沉重。心灰意冷，甚至痛不欲生等。这是由于大学生心理素质方面存在的种种问题，一方面是与他们自身所处的心理发展阶段有关，同时也与他们所处的社会环境分不开。大学生一般年龄在十七八岁至二十二、三岁，正处在青年中期，青年期是人的一生中心理变化最激烈的时期。由于心理发展不成熟，情绪不稳定，面临一系列生理、心理、社会适应的课题时，心理冲突矛盾时有发生，如理想与现实的冲突、理智与情感的冲突、独立与依赖的冲突、自尊与自卑的冲突、求知与辨别能力差的冲突、竞争与求稳的冲突等等。这些冲突和矛盾若得不到有效疏导、合理解决，久而久之会形成心理障碍，特别是当代大学生，为了在激烈的高考竞争中取胜，几乎是全身心投入学习，家长的过度保护、学校的应试教育、生活经历的缺乏使这些学生心理脆弱、意志薄弱、缺乏挫折承受力，在学习、生活、交友、恋爱、择业等方面小小的挫折足以使他们中的一些人难以承受，以致出现心理疾病，甚至离校出走、自杀等。

在生理上大学生处在体态骤变，身高、体重、宽度迅速增长；机能增强，脑神经系统逐步完善，心血管功能稳定，肺功能增强；身体素质提高；性发育逐渐成熟，性器官迅速生长，功能逐渐完善。

正是由于当代大学生具有这些生理和心理特点，使我们在培养学生时要从学生的学习兴趣入手，兴趣是人们寻求知识而从事某种活动的一种精神力量，我们在教学中把学生的兴趣充分调动，使其在锻炼身体的同时思想也得到进一步提高。也就是说体育与德育在教育活动中，从来都是相互渗透、相互影响的。

德育如何在体育教学中渗透是我们要研究工作，首先，德育要在竞争意识中体现，竞争意识是指对外界活动所做出的积极、奋发、不甘落后的心理反应。现代化社会节奏快、效率高、追求质量卓越，工作具有竞争性，这就要求现代人要具备勇于竞争的精神，而竞争是体育运动中最突出的特点，为培养大学生的积极向上的良好道德品质；德育要在团队合作意识中体现，而体育教学有许多体育项目属于群体行为如：篮球、排球、足球、接力、拔河等，都需要互相帮助、互相关心团结一致，从而培养大学生的集体主义思想；其次是教师在教学中利用什么教学方法和手段去调动大学生的主观能动性，体育教学是在严密的组织和纪律的约束下进行的活动，教师针对大学的生理和心理特点运用启发引导教学，培养学生勇敢、顽强拼搏、坚忍不拔的思想品质以及团结奋斗的集体主义精神，例如在一年级上篮球课时，教师用趣味性的篮球游戏调动大学生学习积极性，在体育运动中培养了学生们的奋发图强、艰苦奋斗的拼搏精神和高度的责任感、荣誉感。教师根据教材的性质和特点对学生进行有目的、有计划的教育，在进行游戏、耐力跑、体操等时，对大学生进行了团结友爱、互相合作、自觉遵守规则、吃苦耐劳、果断、机智的优良品质，使学生深深懂得在人生旅途上必须具备这些优良的意志和品格，才能不断进步勇往直前。同时体育也是一门艺术，在许多运动中豪迈、奔放、节奏恰当的庄重之美，是教师在教学中充分调动大学生的积极性，让他们去展现自己的美，通过趣味性、娱乐性和竞争性强的教材，从大学生的实际出发，把德育逐渐的渗透到教学中，使学生在运动中思想品德得到不断进步。最后是教师在教学中结合当前社会环境和大学生心理帮助其树立正确的人生观，让学生在锻炼身体的同时学会自己思考，选择自己的路，选择怎么去做，用体育教学来为德育服务，为培养人才服务。

总之，育人是学校教学的核心，只有将德育寓于体育教学中，才能用科学的、系统的符合当代大学生的体育教学手段和教材，以及教师的表率作用不断影响学生，培养出社会所需要的高素质、高标准的优秀人才。

第六节　大学体育与美育的关联

体育是健与美的结合。因此，"美"在体育教学中既是学生所要达到的一个接受目的，又是教师教学法的一个内容。我认为，在教与学的双边活动中，从教师的方面说，只有通过主体的美，即举止的行为美，言谈的语言美，动作的示范美才能达到以美诱导学生，以美感染学生，以美育人的教学效果。在这方面，我做了初步的尝试，现谈几点肤浅的体会。

美育，作为素质教育的一个重要组成部分，它与德育、智育、体育及劳动教育的目的是共同的，都是为了培养一代社会主义新人，美育既有其特定的作用和任务。近几年来，我们对于在体育教学与训练过程中加强美育的渗透做了一些尝试和探索，我们从体育教学与运动训练的特点来看，某一动作技能的形成，都必须经过这样几个阶段，即：泛化阶段——分化阶段——巩固阶段——自动阶段，而从泛化阶段的最后形成自动化分阶段都来自一个或一系列动作多次反复的练习，这就使得在一般情况下，优育教学与运动训练会成为一项较为枯燥无味的音调活动。但是，我们从动作技能的本身来看，某一动作技能一经达到自动化阶段，即可在脱离意识的情况下自动完成，从一个复杂的学习过程变成了一种刻板式的反应，从而成了一种美的形式。

通过几年来实践和分析，我们找到了体育教学运动训练与美育的一种关系。即从某一种特定的训练方法要求训练者向既定目标努力时，由于训练内容与形式的美对训练者有较大的吸引力，那么训练者就会在不厌其烦的重复训练中产生愉快的情感，并获得美的享受，反之，这种愉快的情感和美的享受会使训练者更加训练的完成动作练习，也就是说，如果把体育教学，运动训练和美育有机结合起来，不仅可以在体育教学与训练中对训练者进行美育，而且美育的结果也会反过来促进体育教学与运动训练效果的提高。

一个完整的体育教学与运动训练过程大致可以分为以下几个环节：教学训练的主体；教学训练的内容；教学与训练的器械；教学与训练的环境；教学与训练的组织；教学与训练的方法。我们的具体做法就是实现以上几个环节的美化。

一、体育教学与运动训练主体化的美化。

教学训练主体是使教学训练过程得以实现的第一要素，包括体育教师、训练员和学生，美化教学与训练主体包括三个方面的内容。首先，体育教师和教练员，必须具有良好的职业道德，必须注意做好学生的思想教育工作。只有让学生热爱祖国，热爱学校，了解体育教学与运动训练的社会意义。他们才能对体育教学与运动训练获得良好的兴趣与热情。其次，主体应该是身体健康充满朝气的。在服饰上，应与课堂气氛相协调。体育教学与运动训练过程中应穿运动服装、穿运动鞋，这样不仅便于运动，而且会显得十分精神，相反，穿高跟鞋，穿裙子上体育课或训练就不协调了。再次，主体必须具有可达到教学与训练目标的有关知道和能力。如：体育教师与教练员必须具备有关运动项目及其技术动作的基本知识和示范技术动作的能力。

二、体育教学与训练内容的美化。

美化教学与训练内容就是要求练习者技术动作必须符合要求标准。如做广播操时，手臂与脚部动作的屈伸要求，背越式跳高的背弓动作，跳高时空中的腾空动作等都必须符合动作规范，符合人体解剖的特点。

三、体育教学与运动训练器械的美化。

教学与训练离不开器械，美化教学与训练器械，一方面要求学生在练习过程中保持器械的美，另一方面体育教师或教练员要尽可能地保证器械的质量。学生在练习中保持器械美包括不故意破坏器械，同时学生在练习中必须保持好器械的整洁。体育教师、教练员保证器械质量是指他们必须经常深入了解器械情况和及时维修损坏的器械。

四、体育教学与运动训练的环境美化。

环境的美，对于体育教学与训练的效果有着不可忽视的影响。美的环境不仅对人有陶冶作用，还可以使从愉快并产生精神振奋的感觉。一般情况下，运动场上整齐清洁、空气清新，练习器械的摆放和布置，有条不紊。这样学生就会精神饱满地投入到练习中去。反之垃圾遍地，烟尘四起，谁还能以饱满的热情投入到练习中去呢？

五、体育教学与运动训练的组织的美化。

教学与训练可以以群体为单位，也可以以个人为单位，但不管怎么说都存在着一个组织问题，对于一堂体育教学与训练课来说，组织水平的好坏直接影响着教学与训练的质量，合理的组织能使课堂做学严密、紧凑，能充分调动学生的主动性、积极性。此外，还能活跃学生的身心，体现良好的师生关系和活跃课堂气氛。这样的组织场面便是美的。

六、体育教学与运动训练方法的美化。

体育教学与训练方法的美化有两点。一是指教学与训练方法方面必须考虑到学生的心理状态，即教学与训练方法必须能够激发学生的情趣，使学生的学习从被动接受到学生主动接受。如教学训练中采用游戏和比赛方法，往往能充分激发学生的情趣，增强学生主动性，对于教学与训练会起到事半功倍的作用。二是指教学与训练方法必须与学生所学动作的特点相适应，即什么样的教材采用什么样的教法最适合、效果最佳。如体操的教学过程中，踢腿运动采用侧面示范效果最佳。体侧运动采用背面示范法，伸展运动采用镜面示范法才能达到令人满意的效果。符合以上两点的教学与训练方法即是美的方法。

在体育教学与运动训练过程中实施美育，美育又同时反过来促进体育教学与训练效果的提高，最根本的一点就是教学与训练过程中每个环节都必须是美的。只有当运动训练与体育教学成为一种美的形式的时候，它才能会成为一种学生真正乐于参加的活动。

第七节　竞赛中运动员心理障碍与心理训练

心理因素是现代竞技体育比赛中十分重要的一个训练环节，它是取得胜利的主要手段。从理论分析出发，运用体育运动心理学的有关知识，简要分析了在体育运动竞赛中产生心理障碍的原因，提出了克服心理障碍的心理训练方法和手段，对提高竞赛水平具有一定的指导用。

一、运动竞赛中产生心理障碍的原因

1.动机障碍

动机障碍是指最适宜动机水平以外的其他动机状态。过高的动机水平会引起机体兴奋性过高，使运动员注意力分散，情绪不稳定，难以控制动作，造成动作质量下降等不良反应;而动机水平过低，又表现为不能充分调动主动性、积极性，导致机能潜力发挥不足，心理能量得不到充分发挥，造成运动水平降低。参赛者的心理压力往往都较大，人们总是要求运动员有出色的表现，而对他们的失误显得特别不能容忍。运动员本人也试图使自己的成绩达到一个前所未有的水平。所有这些主观上的高要求连同比赛本身的重大影响，使运动员的焦虑水平超过了正常的应激水平。另外，比赛的重要性还会产生一种消极的影响，将运动员的注意力从运动操作中转移到令人精神涣散的比赛结果，导致运动员患得患失，比赛失准。其次，教练员的导向出现偏差，赛前教练员给运动员以完成既定的成绩目标为标准，而比赛结果无法控制，由于给运动员定的目标过高，造成运动员的心理负担过重。

2. 情绪障碍

引起运动员竞赛成绩下降的心理原因，最常见和最重要的是过分紧张和焦虑情绪。一般来讲，适度的紧张有助于激发运动员的主动性和积极性。但如果对社会后果、观众的情绪、比赛胜败的意义、竞赛对手的水平等不能正确对待或估计错误，便会产生强烈的紧张甚至焦虑情绪，影响动作技术和心理潜能的发挥，使运动成绩下降。而这种由紧张和焦虑情绪引起的情绪障碍，一般在赛前由于等待应激刺激来临而产生的情绪反应程度较高，赛中因心理能量的释放，会向着有利的方向发展，不良情绪会有所缓解。赛后的情绪状态与比赛结果有关，如果结果不良，接下来的比赛中，紧张和焦虑的情绪将会上升。

3. 心理饱和障碍

运动员的心理饱和是影响竞技能力发挥的重要因素。在竞赛中，运动员有时要进行长时间的持续努力，付出极大的心理能量，需要高度集中注意力、灵活的思维反应、精细的感知、敏锐的观察，但当运动竞赛的时间持续时，疲劳状态得不到缓解，便会产生心理饱和状态，逃避参加比赛。这种心理状态对竞技能力的发挥有很大影响，形成巨大的反作用力来阻抗竞技能力的发挥，破坏运动训练和比赛的动机。

二、克服心理障碍的心理训练

1.恢复体力和脑力的心理训练

竞赛前后的体力、脑力恢复措施有所不同，前者须用运动心理学的方法，后者只需保证休息、睡眠和营养就可以了。运动员在紧张剧烈的竞赛期，如果吃不好、睡不着，体力不仅得不到恢复，反而会提前开始消耗，尤其是心理能量消耗更大。为了使运动员的体力和脑力得到休息，可在竞赛前让运动员参加一些轻松愉快的文娱活动，消除因临近竞赛而提早出现的不良情绪;领队和教练员可有意识地与运动员进行愉快的交谈或安排他们短暂的休假、会见亲人和朋友，转移紧张注意中心。提高睡眠质量对恢复体力和脑力十分重要。可采用心理恢复的手段进行，即采取卧姿来放松和调节呼吸，结合个人睡卧习惯，适当变更个别动作，使运动员由被动的自然睡眠改为自我控制下的主动睡眠，提高睡眠质量，缩短入睡时间。有些运动员在使用一些录制的睡眠录音带时非常成功。这是一种指导运动员通过不同的练习，来引导他们睡眠的放松录音带。用雷雨声作为背景，以便帮助运动员集中注意力，也可用轻柔的声音引导运动员并把他们带入到睡眠中。

2.回忆技术动作的心理训练

运动技能的掌握过程，不仅是对肌肉骨骼动作的训练过程，而且也是智力的训练过程。有些技能动作不能形成，往往不是由于肌肉运动本身的原因，而是大脑智力水平低，缺乏必要的运动心理素质，如缺乏积极思考能力、敏捷的记忆力和稳定的情绪状态等。为了提高运动员的智力水平，加强运动知觉、表象和思维在运动技能形成中的作用，可采用回忆技术动作的心理训练方法，亦即念动训练或表象训练。其主要特点是:回忆学过的技术动作,形成清晰的运动表象和概念,加深对关键技术动作的理解和掌握,从而达到提高运动技能的目的。这种训练方法一般在技术训练前后进行,也可以在技术训练间隙进行。具体做法是:静坐下来,闭上双眼,进行肌肉和神经放松的心理训练后,再系统地回忆所学的技术动作,目的是掌握动作要领,形成正确的肌肉感知,促进动力定型的形成。在回忆中还需唤起相应的肌肉、关节系统的兴奋活动以强化动力定型。

3. 消除紧张情绪的心理训练

首先,应多参加竞赛。由于不断参加竞赛而获得了实战经验,运动员的紧张情绪可因不断适应而逐渐降低,最后达到正常状态。但是,比赛要有计划和针对性地进行,重在帮助运动员通过比赛有意识地控制自己的情绪,达到消除紧张情绪的心理训练目的。另外,还可以利用模拟比赛消除紧张情绪,教练员有意识地控制某些运动条件引起运动员的情绪变化,并在此过程中使他们增加经验,提高适应比赛的能力和尝试调节自己的情绪,掌握自我调节手段。其次,在竞赛中转移紧张情绪。紧张情绪的转移是让运动员的注意力暂时离开过分紧张的竞赛环境,诱导他们想一些轻松愉快的事情,待情绪趋于稳定后,再使注意力回到现场的竞赛中去。训练方法一般是在紧张的运动训练和竞赛现场,利用赛前或赛中的间隙采取语言暗示,诱导运动员将注意力转移到与当前运动竞赛无直接关系的事情或完成技术动作上来。具体手段要根据运动员情绪紧张的特点和原因来确定。如教练员和队员谈话、替换队员下场休息、转告一些现场信息、降低竞赛成绩的要求、听听音乐,等等。

总之,要因人而异,采取具体的灵活手段化解运动员的紧张情绪。这种心理训练方法和手段,必须贯彻在平时的心理训练之中,使运动员既有紧张情绪的体验,又有自我控制紧张情绪的能力。

第八节　大学体育的休闲性与娱乐性

现代科学技术的飞速发展，使生产方式发生了巨大的变化，人们的工作时间在缩短，工作的紧张程度在增加。为了摆脱生产劳动和工作造成的紧张，充分利用闲暇时间寻求一种特殊的活动方式以满足人类自身生理和心理方面的需要，休闲娱乐类的体育业蓬勃发展。它的特点是具有自由性、文化性、非功利性和主动性等。

一、休闲娱乐体育的意义和作用：

最早把娱乐、消遣与工作分离的是古希腊人。随着生产的发展，人类解决了生存必需的生活资料以后，就要摆脱生产劳动和工作造成的紧张，寻求一种特殊的活动方式以满足人类自身生理和心理方面的需要。于是，产生了专门进行的消遣和娱乐活动。

随着现代科学技术的飞速发展，生产方式也发生了巨大的变化，人们的工作时间在缩短，工作的紧张程度在增加，余暇时间在增多。充分利用闲暇时间来满足自身的身体和精神需要，成为现代人生活的重要内容。

1967年，在日内瓦16个有关游戏、娱乐、消遣的国际组织讨论，于1970年由"欧洲娱乐委员会"通过了一份《消遣宪章》。使消遣、娱乐成为现代人生活的重要内容和一种国际趋势。

随着我国人民物质生活水平的不断提高，对精神生活的需求越来越强烈。娱乐体育和休闲体育已成为人们日常生活不可缺少的内容。

学生们在紧张的学习生活之余，通过参加娱乐体育和休闲体育，可以松弛精神，解除疲劳，愉悦身心，而且还可以强身健体，培养个性，增长知识。

1995年6月，国务院颁布的《全民健身计划纲要》把群众性体育活动推向了一个新阶段。一个广泛的、群众性的健身热潮已在全国兴起，娱乐体育和休闲体育就是这个大潮中的一朵浪花。希望学生们投入到这一热潮当中去，积极参加全民健身运动，增进身心健康，提高生活质量，过科学、文明、健康的生活。

休闲娱乐体育是我国未来实现全民健身计划的重要途径之一，也是一种最积极的娱乐方式，必将吸引成千上万的人观赏和参与。

二、参加休闲娱乐体育对身心健康的益处：

参加休闲娱乐类体育对增进健康、强健体魄，预防疾病与康复，提高文化素养与精神文明建设，丰富生活内容与加强人际关系，以及促进人的社会化与个性形成等都有重要意义和作用

（一）参加休闲娱乐体育活动对身体健康的促进作用

1.对不同年龄阶段人群身体健康的良好影响

尽管休闲娱乐体育内容和形式多种多样，但身体活动则是最主要的手段和方式。对于不同年龄者的身体健康都有积极的促进作用。从某种意义上来说，是对人类有机体生命的一种强化。对于处于生长发育阶段的少年儿童来说，通过休闲娱乐体育活动可以促进身体的正常发育成长，提高身体各个器官和系统的功能状态，全面发展体能，促进体格健壮健美，并为终生健康打好基础。对于处于人生压力最大的中青年来说，通过休闲娱乐体育活动可以起到保持、保护身体健康的作用。对于老年人来说，通过休闲娱乐体育活动有助于保持身体健康，延缓衰老的进程。现代社会已经日益高龄化，如何在寿命延长的同时保持良好的健康状

态，既是老年人的愿望，也是社会的需求。

2.对主要身体功能的良好影响

（1）对心血管系统功能的影响

在世界范围内，心血管疾病已经成为危害人类健康的"第一杀手"。大量的流行病学调研和实验研究结果已经揭示，心血管疾病虽然主要发病在中老年，但时常起源于少年儿童，而且该类疾病的发生和发展可以为许多称作为"危险因素"的因素所加速。这些因素中，部分受遗传制约，如家族病史、年龄与性别，更多的与行为和生活类型有关。如过大的心理压力、高血压、高血脂、肥胖和超重、吸烟、不良饮食习惯、体力活动不足和身体素质低下等。也就是说，心血管疾病的大部分危险因素可以通过生活类型的改变得到改善。其中最为关键的行为因素是加强体育锻炼。研究已经揭示，适度的体育活动可以改善高血压、高血脂状态，可以改善肥胖和超重现象，可以缓解心理压力，并且可以改善身体素质。

（2）对运动系统功能的影响

人类衰老的特征性变化之一，就是表现在肌肉力量减退，骨质疏松，关节活动度变小，运动能力下降。通过休闲娱乐体育活动之所以能够延缓衰老进程，其重要途径之一便在于它能够有效地保持肌力，增加和保持关节的灵活度，保持乃至增强骨密质。

（3）对免疫系统功能的影响

免疫功能标志着人体对疾病的抵抗力，因此是人体健康和体质的代表性指标。大量流行病学调研、动物实验和人体实验结果已经证实，长期的大强度、大运动量运动训练会导致明显的免疫抑制现象，使得免疫功能降低，对各种感染性疾病的抵抗力明显降低。而长期从事适中的体育锻炼则有益于促进免疫功能，增强抵抗力，各种感染性疾病的患病率明显降低。这些研究结果表明：休闲娱乐体育活动可明显改善参与者的免疫功能。

（二）休闲娱乐体育活动对心理健康的促进作用

当今世界是一个快节奏、高效率的社会，这就不可避免地给人们带来许多紧张和压力，同时也造成了情绪的不好状态。紧张的情绪会降低和抑制人体免疫功能，良好的情绪和稳定的心情，有利于保持和促进人体机能的稳定。休闲体育活动具有调节人体紧张情绪的作用，可以改善生理和心理状态，有助于恢复体力和精力，是人们生活的重要内容。

三、科学规划体育休闲娱乐活动的场地及设施的布局

体育休闲娱乐的场地和设施的布局要合理、科学，要给大众群体的健身活动提供方便。积极引导、支持和鼓励社会、侨资、集体和个人兴办各种体育健身场馆。按照科学性、趣味性、全面性的原则，结合居住社区人口规模、不同人员素质、个性偏好和消费水平，大力发展形式多样、内容丰富、可供多种选择的体育场馆、体育公园、休闲广场，为更多的普通大众到健身场所运动锻炼提供便利，让更多的普通大众有机会就近进行娱乐、休闲、健身，实现公共体育场所全部向社会开放。

四、加强体育休闲娱乐教育

加强体育休闲娱乐教育，迅速普及健康、积极的体育休闲娱乐活动。在有相关学科基础的普通院校开设体育休闲娱乐专业，培养具有体育休闲娱乐专业知识和技术能力的人才。塑造健康、积极的体育休闲娱乐理念，正确认识体育休闲娱乐的价值观。在中国传统文化中，传统伦理道德所体现的与自然、人和社会和谐共处的思想，形成了中国人独特的体育价值观。体育休闲娱乐教育要强调非功利

性教育，树立健康生活理念，使体育休闲娱乐作为一种文化范畴不断地融入人们的生活。树立"胜固可喜，败亦无忧"的人生态度，把胜负看成是对人生的一种体验，有益于自身人格的健全。体育休闲娱乐教育与学校体育教育同步进行，能收到较好的效果。

五、休闲娱乐类体育的发展趋势：

科学化规范化的前提下呈现出如下发展的趋势：

1.在立足中国特色的前提下，逐步适应现代体育的发展规律，在普及的基础上整体水平将进一步提高；

2.通过全民健身计划的实施，在立足于传统项目社会化的同时，民族传统体育的自我发展活力将进一步增强；

3.在市场经济条件下，通过突出区域传统体育特色，自身发展之路的培育将进一步增强 ；

4.随着整理和研究的加强，通过抓好龙头项目，民族传统开始走向世界。

六、参加休闲娱乐体育应注意的几个问题：

（一）有利于身心健康发展，陶冶情操，培养高尚的思想品德

学生们属于学知识、长身体、树立正确的人生观和世界观，逐渐走向成熟的人生关键时期。在日常生活中，参与的各类文化活动，都应首先注意是否有利于自身的身心健康发展，自觉抵制腐朽的思想和生活方式的侵蚀，为今后的发展打下坚实、健康的基础。例如，社会上利用麻将牌、台球、扑克等游艺手段，进行赌博活动等丑恶现象，非但不应参与，还应主动劝导和帮助亲朋不要参加不健康的活动。

（二）既要积极参与，又要适当节制

娱乐体育以满足自我兴趣、爱好为出发点，往往因运用的时间不适当，或未能适当节制，非但得不到休息，而且还会导致身心疲惫而影响工作和学习，甚至影响他人的休息及工作和学习。因此，既要积极参与，又要适当节制。

（三）增强体质，开发智力，受到教育和启发

在参加娱乐和休闲体育的活动中，要积极投入，进入角色，才能转移情绪，进行积极性休息；同时，通过身心活动，增强体质，开发智力，收到应有的教育效果，并在参与的过程中，接受新的信息，受到启发。

（四）结合实际开展娱乐体育活动

结合学校及本人的实际条件，选择易于开展的娱乐项目，切不可超越客观条件，一味追求所谓"时髦"而影响学习。此外，可以通过新闻媒体了解和观赏一些广泛传播的体育文化内容，不仅可以满足个人兴趣和爱好，达到自娱的目的，而且又可以适应社会及世界发展的潮流，了解世界体育文化发展的状况和变化的趋势等，增长知识，提高修养，开阔视野。

（五）发扬地方、民族传统特色结束语

娱乐和休闲体育活动可以结合本地区、本民族的特点，开展传统项目，不仅有广泛的群众基础，又能在活动过程中，培养民族自豪感。

七、大学体育如何体现休闲性与娱乐性

现代大学体育和现代体育课程均在一定程度上体现着社会，工具和功利性的价值取向。后现代高校体育课程应从大学生的身体需要和精神需要出发，休闲娱乐化教学给了学生更多的自主权，不仅让他们在轻松的娱乐游戏中获得快乐与满足，还可以使他们树立正确的休闲观。

（一）教师使用娱乐性语言进行教学

教师使用以下特征的演说进行实际教学的时候会受到良好的教学成效。

1.幽默。长期的教学经验显示，学生都喜爱具有幽默品质的教师，教师在为学生讲解理论性、技术性都比较强的知识内容与技能的时候，用幽默的语言进行表达，不但能从精神上拉低学生对相关知识技能的认知难度，更会让学生在快乐的气氛中进行积极的思索，紧随教师的讲解进度，让学生变得更为轻松和简单。

2.风趣。风趣就是教师发挥自己渊博的知识激发学生参与学习的热情。比如教师在实际教学中不但要强化对学生知识、技能层面上的教育，更要画龙点睛地增加某个动作的来源历史，强化关于健美操创编环境相关知识的讲解，在兴趣的作用下产生研发健美操的风气。

（二）使用娱乐性动作来启发学生

教师使用娱乐性动作对学生进行启发的时候，一般有两种表现。

1.夸张。教师在实际教学中将有些动作进行夸张的演示，让其具有明显的娱乐效果，不管是遵照标准动作形式去完成，还是扩张地完成，都能让学生获得相关知识、技能学习的同时，更能把握标准的动作技能。

2.错误演示。教师遵照学生出现的错误形式进行演示，这样的演示一般都具有喜剧性作用，不但能调节学习氛围，更能让学生明白自己错在哪里。

（三）教学课程设置更加具有休闲性和娱乐性

1.设置学生喜爱的课程进行学习。

很多大学生并不喜欢常见的体育项目，由于身体或者个人喜好等原因，更加喜欢具有休闲性和娱乐性的项目，但由于学校自身环境限制，并不能完全满足这部分学生的需求，学校应当征求意见、设置有趣的新鲜的项目，增加学生参与积极性。

2.结合小众化项目进行校本课程改造。

可以结合小众化的项目，吸取小众化项目的经验，征求学生创新意见，设置和开发有特点的休闲娱乐性体育校本课程，甚至健身操、广场舞、机械舞等都可以通过改造纳入体育项目，教师和学生共同学习和开发，也可以由高年级学生带领低年级学生进行教与学。

现阶段，随着高校学生所面临的学习及社会就业竞争压力的日益加剧，其心理障碍或疾病的发生率在不断地升高。如何发挥体育教学特有的育人，健身的功效，有效地促进高校学生身心的健康发展，已成为高校体育教学应加以足够重视并亟待解决的问题。而在高校体育教学中，切合实际地开展体育休闲娱乐教育，

可以有效地促使学生解压减负，并通过为学生构建轻松愉快的娱乐，健身的学习环境，解除日常学习，生活中产生的负面影响，减轻因就业问题所带来的压力，使紧张疲劳的身心得到有效的休整与补偿，所以，大学体育课程内容开发中应当提高对于休闲性和娱乐性的重视。

第六章 大学体育社团的研究

体育运动是大学生增强身体素质，培养兴趣爱好，提升个人修养的最佳方式之一，一直以来国家领导都特别重视青年人的身体素质。大学生体育社团是开展体育运动的重要载体，是培养大学生良好的生活习惯，促进大学生身心健康发展，引导大学生文明交往，丰富大学生第二课堂的重要形式。从当前情况来看，大学生参加体育社团积极性高涨，开展体育社团活动效果显著。高校体育社团是大学生进行体育锻炼的重要平台，可以很好地促进大学生的身心发展。体育社团的发展受到越来越多高校的重视，建设有特色的体育社团是高校体育社团今后发展的方向。大学生体育社团促进着校园体育文化发展，为增进学生身心健康、施展才华提供了实践平台，应将其纳入学校体育教育管理体系，充分发挥其健身、教育、社会效应，以全面提高学生综合素质。

第一节 大学体育社团发展现状

大学校园体育社团是新时期学校体育发展的产物，大学生体育社团作为由大学生自发组建的社会组织，在很大程度上，为大学生有选择、有重点地参加体育锻炼提供了组织保障。

目前，全国高校的学生社团很多，其中体育社团占四分之一左右，并且体育社团成员仍在快速发展之中。各类大学正在围绕人才培养目标，积极探索学生体育社团管理模式，使体育社团在学校教育中发挥了重要的作用，取得了较为显著的成效。但是，在新形势下，大学生体育社团也还面临着一些问题，如何更好地促进高校体育社团发展，充分发挥体育社团在校园文化建设和培养高素质创新人才方面的重要作用，也是新时期大学体育工作所面临的一个重要问题。下面我们就以浙江工业大学体育社团为例。对大学生体育社团现状进行调查研究与分析。

一、对大学生体育社团现状的调查分析

1.浙江工业大学体育社团基本情况

浙江工业大学始建于1953年，是浙江省政府、教育部共同建设的综合性的重点大学。学校的体育社团管理模式立足于高校特色，结合学生社团发展的基本状况，社团活动形成了体育课与课外体育活动之间的纽带，提高了学生身体素质和运动技能水平，推动了校内全民健身运动的开展，到目前为止，浙江工业大学正式注册的体育社团百度27个，参与体育社团的会员不仅参与人数众多，而且覆盖面广。我们根据不同的活动内容把体育社团分为对抗类、隔网类、技巧类、体能类、智力类和健美类等六大类型。其中对抗类有12个社团，包括了篮球协会、足球俱乐部、跆拳道社和拳击等协会；隔网类有5个社团，包括羽毛球协会、排球俱乐部、乒乓球协会和网球协会；技巧类有3个社团，包括溜冰协会、木球俱乐部；体能类有4个社团，包括定向协会、背包侠俱乐部、途博徒步社和马拉松协会；智力类有2个社团，包括魔方协会、指归棋协；健美类社团1个，包括健美协会。

通过调查发现浙江工业大学体育社团对抗和隔网类的社团较多，其中的篮球、足球、乒乓球等社团人数较多，说明学生还是偏爱传统的体育项目。而一些新兴的协会如木球、徒步社等协会也受到了学生的喜爱，说明新兴的体育项目正在被大学生所接受。

2.社团成员现状

浙江工业大学体育社团成员组成比例为：大一学生占总人数的74.5%。大二学生13.6%，大三学生5.4%，大四学生4.7%，研究生1.8%。从现状可以看出，社团的主要成员还是集中在低年级，高年级的学生参与的人数占的比例很少，这种现象的出现，说明了低年级的学生参与体育锻炼的积极性更高，但缺乏持久性，并没有真正养成参与体育活动及锻炼的习惯。学生锻炼的意识还不够，学生到高年级后积极性降低。再加上学业、就业等方面的压力，参与体育社团的人数比例就大大地减少了。因此，如何培养学生参加体育锻炼的意识和习惯，提高学生体育锻炼的积极性也是大学生体育社团所需要解决的问题。

3.体育社目经费来源

浙江工业大学体育社团经费来源主要由社团成员缴纳费用占90.2%，学校下拨占3%，赞助费用占6%，其他占0.8%。体育社团经费的主要来源还是社团成员缴纳的费用，学校所下拨的费用非常少，这是由社团的性质所决定的；体育社团得到的赞助费用比例也比较少。其实学校体育社团中有些社团的影响力并不算小，开展较好的社团每次举办活动都能得到一定数目的赞助，但即使这样所占经费的比例还是很少，经过调查发现，原因在于很多赞助的单位都以赞助其单位经营的消费卡为主．这对于社团的经费来说可以得到缓解但还不能起到主要作用。目前体育社团的主要经费是入会时缴纳的会费，因此，如何提高进一步提高社团的影响力，获得更多的活动经费，是体育社团面临的主要问题。

4.体育社团的管理模式

目前高校体育社团管理模式主要有三种：第一种是学生会设立社团部，由学生会主席分管，第二种是与学生会平行机构－－大学生社团联合会管理，简称"社联"。最后一种是由团委、学校体育部共同管理，这也是目前浙江工业大学体育社团的主要管理模式。

学校团委和校体军部共同管理体育社团，以培养学生的综合素质和社会实践能力为主要目的，对体育社团进行正确的引导和支持，并选派经验丰富的专业教师为社团的指导教师。对社团的活动内容、组织管理和专业技术等方面给予全面的帮助与引导。同时，充分尊重学生的意愿，发挥学生的积极性和聪明才智，让学生在自主性的活动中自我教育、自我管理，提高自身素质和能力。

5.体育社团发展中面临的主要问题

目前体育社团面临的主要问题是场地器材欠缺、活动经费不足、指导力度不够、缺乏激励机制和社团成员的流失等几个方面，而这几个方面也是制约体育社团发展的主要原因。

二、体育社团的发展对策

1.加强对体育社团经费的投入

活动经费不足是制约体育社团发展的重要因素。校团委应该加强对体育社团经费的投入。在经费有限的情况下，可考虑"优先发展、重点扶持"优先发展群众基础好、社团活动影响力大的体育社团，给予比较充分的资金支持，重点扶持社团活动经费严重不足勉强维持的社团。避免其"自生自灭"。学校体育部门为社团提供场地和器材的保证，加强课外体育活动组织的科学管理，加强体育社团的指导力量，管理部门为体育社团安排业务能力强、有责任心的教师，完善指导制度。

2.加强学校对体育社团的重视

体育社团作为大学社团中重要一部分。学校应该加强重视。适当划拨活动经费，新建或更多的开放体育场馆，为体育社团活动提供更多的活动场地和器材，对体育社团活动的展开给予更多的支持。

3.体育社团和体育教学有机结合

目前的体育社团和体育教学是完全脱钩的，浙江工业大学体育社团虽然由团委和体育部门共同负责。但体育部门也只是给体育社团安排指导教师，体育社团的工作还没有纳入大学体育教学中去。如果能把体育社团纳入高校体育教学当中去，那么场地器材、社团管理、指导力度等一些老问题都可以得到很好的解决。

4.加强宣传力度、增强社团意识

在体育社团活动开展的过程中，会员由于各方面的原因。缺席社团活动的现象还是普遍存在的，高年级脱离社团现象也是十分严重的。所以管理部门应该加大社团的宣传力度，增强学生的社团意识，这样才能使社团得到更好的发展。

5.拓宽经费来源渠道

目前，各个大学体育社团活动经费的缺乏是个不争的事实，提高经费应该让学校各个管理部门对体育社团应该给予更多的配合和支持。体育社团自身在不断提高社团影响力的同时，多吸收和利用社会各方面的资金，为社团的经费拓宽渠道。

三、结语

大学校园体育社团是新时期学校体育发展的产物。大学生体育社团作为由大学生自发组建的社会组织，在很大程度上，为大学生有选择、有重点地参加体育锻炼提供了组织保障。

但是，在新形势下，大学生体育社团面临的主要问题是场地器材欠缺、活动经费不足、指导力度不够、缺乏激励机制和社团成员的流失等问题。如何更好地促进高校体育社团发展，充分发挥体育社团在校园文化建设和培养高素质创新人才方面的重要作用。也是新时期大学体育工作所面临的一个重要问题。

第二节　发展高校体育社团必要性的探讨

伴随我国高等教育事业的飞速发展，高校扩招使在校学生数量逐年递增，如何保证大学生的专业素质和思想素质，已经成为党和国家关注的重要问题，中共中央国务院在《关于进一步加强和改进大学生思想政治教育的意见》中明确指出：随着我国对外开放的不断扩大、社会主义市场经济的深入发展，我国社会经济成分、组织形式、就业方式、利益关系和分配方式日益增强。这有利于大学生树立自强意识、创新意识、成才意识、创业意识，同时也带来一些不容忽视的负面影响。一些大学生不同程度地存在着政治信仰迷茫、理想信念模糊、价值取向扭曲、诚信意识淡薄、社会责任感缺乏、艰苦奋斗精神淡化、团结协作观念较差、心理素质欠佳等问题。另一方面，社会经济高速发展的同时，就业压力不断加大，社会对人才的要求表现为：有健康的体魄、高超的智能、良好的心理素质和高尚的道德情操。社会是检验人才的唯一标准，如何通过健康的校园文化生活使学生树立正确的人生观，积极进取、自主成才，成长为社会所需要的合格人才，是高等院校办学者应该思考的问题。

作为第二课堂重要组成部分的高校学生社团是大学生根据个人的兴趣、爱好和特长，经过有关部门批准，以学生自愿方式组成的课外性的学生群体组织。参与学生社团不仅能丰富学生业余文化生活，培养兴趣爱好，而且能为学生提供一个了解外部世界的窗口，为学生打造一个充分展示自我、挑战自我的平台，在学生和社会之间搭起一座桥梁，繁荣校园文化，提高大学生自身综合素质。

体育社团是大学校园中最活跃的学生社团，是高校学生社团的重要组成部分。体育社团活动具有公开化、群体参与性高的特点，组织比较灵活，形式变化多样，为丰富学生的业余文化生活起到了很大作用。体育社团日益成为高校中具有重大影响力和凝聚力的群体。所以，进一步深入认识和了解大学生体育社团，分析和肯定其在高校教育中的地位和作用具有非常重要的现实意义。

但是，高校体育社团在飞速增长和快速发展的同时，因其管理等相关知识缺乏，学校又没有进行必要的指导和培训，使其不可避免地存在着组织松散、管理水平低、发展目标不明确等各种各样的问题，在很多学校还没有真正担当起丰富校园文化与促进大学生成才的光荣任务。另外，在营造校园文化和繁荣学生社团活动过程中，学生虽然是主体，但教师和学校管理人员则起着主导作用，他们的思想境界、行为作风，对于学生社团的发展具有重要的影响。

一、高校学生社团

（一）学生社团的主要含义

学生社团，是指在学校有关部门(如学生工作处、团委等) 的指导下，由大学生自发组织的为满足学术、文艺、娱乐以及各种能力的培养提高所需要的群众性组织。正如德国著名教育家费希特曾说过："在这种面向所有学生的教育中，学生们不管其天赋能力如何，都无例外地热爱知识并愉快地学习，……激发学生对学习纯洁之情的途径，那就是鼓励学生自发的活动，并使这成为获得知识的基础，从而让学生无论学习什么都通过他们自身的活动来学习"。

（二）学生社团创建依据

学生社团是大学生依据自愿性原则，基于共同的理想信念或兴趣爱好，为完成共同的目标而组织起来的进行持续性发展活动的群体。社团活动的组织和开展要求大学生不断提高其构思、创意、策划与执行等基本运作能力，对于当代大学生完成获得自我角色规范和职能的社会化任务，补建和完善自己的个性，使自己同社会之间进行和谐的互动和共振起着重要作用。同时，学生社团已经成为校园文化建设的载体。优质社团的成员通过加入社团、投身社团活动，参与社团管理等多种途径与社团紧密地联系在一起，在传播知识、交流信息的过程中，耳濡目染，日益陶冶自己的性情，增强集体观念，训练和培养自己良好的习惯和高尚的情操。同时，优质社团在成员中倡导的价值观能够潜移默化地影响成员的心灵，社团成员在共同信念的鼓舞下，同心同德，互相帮助，互相鼓励，由认同感到荣誉感，由荣誉感发展到对集体的责任感，并由此延伸到对民族的自豪感和对祖国的归属感。

（三）大学社团活动的主要特点

开放性。指社团内接收信息的方式多样，传播信息的来源广泛，活动内容丰富。

趣味性。以大学生为主体的社团活动，丰富多彩。

专业性。这种由个体目标的聚焦统一而形成的大学生社团，它能满足大学生某一特殊方面的要求，使成员之间可以取长补短，互相补充，实现智能互补和素质互补。

目的性。加入社团与否，完全由自我决定，因此，满足青年大学生日益增长变化的各种需要。

自发性。任何社团都是学生自己组织起来，自主管理的，没有强制性。

二、高校体育社团

（一）体育社团的定义

体育社团就是以体育运动为目的或活动内容的社会团体。体育社团是高校社团的重要类型，也是体育活动的重要的组织形式之一。由于体育文化的群体性、社会性和多数人参与的非职业性等特征，决定了体育社团存在和发展的必然性。在历史上，体育社团对体育文化的传播起了重要的组织、教育作用。

（二）构成体育社团需要具备的条件

1. 一定数量的较为固定的成员，成员应具备体育方面的某种条件，成员按一定的方式组合起来，每个人都有职能分工，并承担一定的责任和义务。

2. 特定的体育目标或为了提高某一运动项目的运动成绩，或为了健身娱乐。这一体育目标必须具有社会意义，并形成成员的群体意识。

3. 明确的行为规范。即有群体成员互动时遵循的规则和对其成员的特殊要求，以及必要的奖惩制度，这些都要载入社团的章程。

4. 权力结构。体育社团需要有一个自上而下的权力分层体系，以控制和指导体育社团的活动。

5. 一定的物资设备。体育社团与体育场馆设施有着密切的关系，多数社团附设在体育场馆，或由体育场馆兴办体育社团。

6. 适宜的外部环境。体育社团的存在与外部的体育环境关系很大，体育人口的数量、活动方式决定了体育社团的规模和性质。体育社团与其他社团的关系也是十分重要的。

7. 一定的社会承认。组织体育社团必须遵守学院有关结社的规定，得到学生工作处、团委等有关部门的认可和批准。

三、体育社团发展的表现

（一）体育社团数量和规模快速增长。

以前每个高校一般都只有一个社团甚至没有，而现在出现，百团大战-的高校几乎各省都有一、两个。学校已经开始重视学生身体素质的培养。不仅如此，社会上体育团体也纷纷成立。

（二）体育社团的参与面和涉及领域明显扩大。

社团成员来自博士生、硕士生、本专科生各种层次，一般的校级社团成员都来源于各院系、各专业，遍及在校的所有学生。

（三）体育社团活动形式和内容更加丰富。

（四）体育社团间的合作不断加强，与社团的交流、合作不断扩大，出现了跨学科、跨学校、跨地区之间的联合。

（五）体育社团在校园内外的影响力不断扩大，功能日益突现，学校及政府有关部门也纷纷出台了各种扶植、支持、激励政策。许多高校已把学生体育社团建设纳入了学分制、推行素质教育等教学改革以及学生教育管理体制改革当中。

四、体育社团发展的主要影响

（一）体育社团价值观使社团成员树立强烈的荣誉感和主人翁责任感，进而促进健康体格的发展。

（二）体育社团有利于培养集体主义观念、团队精神和情绪调节能力，培养自信心。

（三）有助于创新能力的培养，培养创新性人格。

（四）有助于培养大学生的组织管理能力，使其在文化素质提高的同时锻炼了身体。

五、体育社团发展的作用

体育社团活动对大学生健康人格的影响加强高校体育社团建设，开展好体育社团活动，引导学生健康体格的发展。

体育社团活动对学生健康体格的影响日益突出，加强体育社团的建设，搞好体育社团活动，更好地引导公民健康体格的发展是一件重要的事。首先要转变观念，提升体育社团的地位。在过去，学校体育社团里的干部好像不被团委、学生会的干部重视。现在要把这种观念转变过来。在一所大学里面，少了体育社团，其校园文化就少了很多精彩。再次，要加强体育社团的组织管理体系，社团内部管理好，有得力的干部带动会员搞活动的话，其效果会大大的不同。最后，要创新体育社团活动机制，在内容上要顺应历史潮流，用正确的社团活动价值取向来指导学生社团活动，增强体育社团发展的战略思维，提升体育社团活动的品位和质量。

六、目前高校社团存在的问题及改进措施

社团活动是高校校园文化建设重要组织群体，目前要解决的主要的问题是：

1. 学校要重视，注意引导，加大投入，尤其是随着高校改革的进一步深入，学分制和后勤社会化等制度的实施，社团就成为学生文化活动不可缺少的抓手和联系学生的重要纽带。要努力改变目前社团活动比较单调、乏力的局面。通过它能够有效地拓展校园文化的传递渠道，增强对大学生文化素质的培养力度。

2. 要挖掘体育社团的人才优势，培养、造就一批从事体育社团工作的通才和社会活动家。由于传统的思想观念，不少人认为体育社团专职工作人员就是从事一些具体的事务性上做，随便什么人都能干。实际上，体育社团的性质要求体育社团工作人员具有较高的素质，体育社团不但专业性强，而且社会联系广泛。因此，要求体育社团专职工作人员不仅应当具有较高的文化水平，熟悉业务，而且要精明强干，具有组织领导才能与人际交往和公关能力；善于演讲，具有感召力，才能使体育社团产生凝聚力和向心力。

3. 要发挥服务功能，提高体育社团工作活力。社团的特征之一就是它的服务性，也是它立足社会、生存与发展的主要手段，为会员服务是体育社团的天职。所以服务质量的好坏，直接关系到体育社团的兴衰存亡，关系到体育社团宗旨、任务的完成。体育社团可以通过开展各种活动，使会员从中受益，以增强体育社团内部的凝聚力，从而不断扩大队伍、壮大力量。

4.社会实践是培养学生艰苦奋斗精神、磨炼意志、实现人生价值的另一个载体。要把大学生社会实践活动同学生的素质教育、综合能力的培养紧密结合起来，不断研究和规范社会实践的内容、方法和具体措施，完善管理制度，使这项常规工作不断富于新的内容。另外，学校所能为社团提供的支持与方便是有限的，只凭自己的力量是不够的，要加大学生社团的投入，必须借助社会的力量。广泛的借助社会力量开展工作，走社会化道路，可以保证社团活动的顺利开展。

只有这样，社团才能更加体现学生自我需求、学校需求和社会需求三方面的集合统一，更有利于学生实现自我价值和社会价值的统一。所以要积极引导青年学生投身社会实践，在实践中坚定远大的理想，在实践中树立服务祖国人民的思想。

第三节　高校体育社团的管控研究

大学生体育社团是促进校园体育文化发展的重要角色之一，是大学生增进身心健康、展现才华、充分运用体育知识的实践平台。在学校体育教育日益注重"学以致用"、课内外整体结合的今天，有必要认真对学生体育社团的组织、管理和发展趋势进行研究，充分挖掘学生体育社团注重体育实践的积极作用，努力消除其不利因素和诸多负面效应，采取积极有效的对策和引导措施，有计划地将大学生体育社团的建设纳入学校体育教育的总体计划，将体育教育融入大学生的生活之中。高校体育社团对丰富学生业余生活、增强学生体质、参加体育竞赛都具有重要价值意义。

一、问题的提出

体育与社会系统之间的联系日益复杂，越来越需要借助于科学的管理 概念、有效的管理方法来对体育事业发展的一系列问题，从理论和实践两个方面做出回答。建国60 多年来，我国学校体育也发生了翻天 覆地的变化，从新中国成立之初，毛泽东同志提出的"发展体育运动，增强人民体质"到现在由教育部、国家体育总局发起的"阳光体育运动"。我国的学校体育工作不仅在促进学生体育素质方面发挥了作用，而且在教书育人和执行党的教育方针方面起到了重要作用。尤其在学生自我管理方面，大学生社团组织发挥了重要的组织功能。因此，在新的历史背景下，从体育管理学理论的角度，探讨总结大学生体育社团组织在高校体育教育教学管理中的管理问题具有一定的现实意义。

二、大学生体育社团组织在高校管理中的作用

学校的组织机构是按学校管理目标的要求，将学校的职位、岗位、人员进行科学组合，形成结构合理、债权清楚的协作系统。学校的组织机构按活动的内容和性质可分为：政治性组织、行政性组织、群众性组织、学习性组织、学术性组织。普通高校由大学生自己成立的社团组织属于群众性组织，大学生社团组织在学生自主管理过程中起着不可忽视的作用。高校大学生体育社团在高校大学生社团中起着重要的作用，它是校园文化建设不可缺少的主要组成部分。通过体育社团组织的各项活动可以协助学校体育培养学生养成良好的体育健身的习惯，是高校树立"健康第一"思想理念的重要途径。体育社团在高校组织开展全面健身活动发挥了一定的组织功能，为引导大学生建立"每天锻炼一小时，健康工作50

年，幸福生活一辈子。"的理念取得了一定的成绩。大学生体育社团　组织在高校管理中的作用，归纳起来有以下主要作用。

1. 对高校校园文化建设有一定的促进作用

高校教育教学模式的改革深化，给大学生社团组织建设带来了生机。同时大学生社团组织的建设在繁荣校园文化、丰富学生课余生活以及提高个人综合能力方面等的作用日益突出。作为高校校园文化重要组成部分的学生社团，不仅是高校第二课堂的重要组成部分，也是学生发挥所长，展示才华的一个阵地。通过社团活动的开展，拓宽了学生视野，扩大了学生的求知领域，进一步丰富大学生的人生的经历。近几年来，网络游戏把相当一部分的学生变得孤独，消沉，叛逆。体育社　团活动可以把大学生集聚到一起，参与到体育活动中来，各高校体育社团组织，可以结合自身的特点、紧扣校园文化建设的活动内容，吸引广大学生前来参加各种各样丰富多彩的体育活动，同时可在校园中广泛开展体育健康知识讲座、培训等活动，大力宣扬体育精神，弘扬体育文化。在学院组织举办的各项体育比赛中，各体育社团的成员能　够积极参加各项体育志愿者活动，为各项体育赛事的顺利进行做出贡献，同时，为扩大校园文化的氛围、为校园文化发展发挥了积极作用。

2. 体育社团活动开展有利于校园的和谐稳定

大学生体育社团在组织的各项社体活动中，不仅为大学生提供强身健体机会，而且丰富了大学生的业余生活。不但促进大学生的健康成长　发挥了重要作用而且为各民族大学生之间提供了交流的平台。在社团活动中，不同民族社团成员，可以结交相同爱好的同学，培养体育能力，展示个人的才华，交流共同兴趣，社团成员和活动达到均衡有序、协调促进的和谐状态。丰富多彩的体育社团活动，能够对大学生产生了广泛而深刻的影响，大学生体育社团也能够成为学生思想教育的重要载体。大学生之间的平等性是大学生社团的一大特点，不同民族的大学生社团成员之间拥有共同的兴趣，这种以共同兴趣聚集的群体在相关　知识的学习方面极易形成相互的影响和自觉进步，而且由于其成员间的平等性，每个成员的创造性能够得到最大限度发挥。我院的体育社团组织通过举办各种体育竞赛活动来满足不同民族大学生参加体育竞赛的欲望，更重要的是能够加强不同民族大学生之间的交往，促进相互了解与认识，增进友谊，共同学习、共同进步。高校体育社团活动的开展有利于校园的和谐稳定，而且成为影响和谐校园的重要因素之一。

3.育社团是大学生体育课堂教育教学的一个延伸

高校体育社团活动形成了课堂教学与课外活动之间的纽带，通过体育社团的活动，实现了课堂教学课内外的一体化，它是课堂教育教学的一个延伸。不仅提高了学生身体素质及运动技能水平，而且对大学生　组织能力、社交能力的提高，以及社会的适应有很大的帮助。大学生参加体育社团后承担着社团会员或社团干部的角色，在组织参加体育社团的各项活动中，每个人都扮演着不同的角色，一些同学可能是领导者和组织者，一些同学可能是参与者被领导者，但他们都承担者相　应的职责或任务。体育社团是学生自愿组织的群众组织，虽然制定了一些规章制度，但是遵守这些规章制度还要依赖每个组织成员的自觉行为，这些规章制度也需要大家的维护。在体育社团组织的各项活动　　过程中，社团成员体验了道德、伦理、惯例、传统等社会规范的约束，这对大学生的成长起到了一定的教育作用。另外，体育社团组织的各项活动的开展都是在课余时间，以体育活动为内容，以体育健身为主题，它是体育课的一个延伸。

4. 大学生体育社团活动的开展有利于促进学生的身心健康

随着社会的发展，人们竞争意识的提高，生活节奏的加快，无形给当代大学生在学习上，生活上带来一些压力，大学生面对学习生活中的压力，或在生活中遇到困难和挫折产生紧张、焦虑、困惑、烦躁甚至 愤怒、悲伤等不良情绪时，除了与知心朋友或老师倾诉外，适量参加一些体育社团等组织的各种体育活动是改善不良情绪、缓解压力的一种良好方式，在体育活动过程中由于大脑处于较强的活动状态，体温升高以及脑内啡肽释放等原因，可以转移个体不愉快的意识、情绪和行为，降低焦虑，消除忧郁，摆脱痛苦和烦恼，分散注意力，缓解心理压力。另外通过与社团成员的交往有利于建立和谐的人际关系，提高大学生社会的交往能力。因此，高校体育社团活动的开展有利于大学生的身心健康。

三、做好大学生体育社团组织的管理工作

1. 突出为增进大学生身心健康为宗旨

高校学生体育社团作为一种体育组织，其目标任务不能脱离了体育及高校体育的总体目标和任务，必须依据高校体育工作条例，树立"健康第一"的思想理念，围绕大学生身心健康来展开工作。学校体育目有效增进学生的健康；使学生能较为熟练地掌握和应用基本的体育与健康知识和运动技能；提高人际交往的能力与合作精神；提高个人健康和群体健康的责任感形成健康的生活方式；形成积极进取乐观 开朗的时候态度等。高校学生体育社团组织虽然是一个业余性的群众性体育组织，但是实施高校体育目标和任务的一个重要的、不够缺少的组织部分，在体育健身课内外一体化的今天，体育社团的工作应突出为增进大学生身心健康为宗旨。

2. 组织各项活动促进各族大学生的思想交流

例如由于新疆7.5事件的影响，各高校不同民族的学生之间的团结受到一定程

度的影响，为消除7.5事件给新疆各民族大学生之间带来的负面影响，高校体育社团可以通过组织各种形式多样的体育活动，为新疆高校各民族大学生之间建立一个相互了解、相互沟通、相互信任的平台，以便促进各民族大学生之间的团结和友谊，为新疆的长治久安和美好新疆的建设发挥其应有的作用。

3.应注意解决好与其他组织之间的活动冲突

高校的体育社团在开展组织活动中，为了体现体育社团组织工作效率，在组织各种活动过程中经常与其他组织之间发生一些矛盾和冲突，因此，体育社团组织的负责人和成员，必须对这些矛盾和冲突有一个正确的认识，可以通过正常的组织行为来解决这些矛盾和冲突。目前高校体育社团组织与其他社团组织或与学校其他管理部门的矛盾和冲突的原因，主要是由于这些社团组织或学校其他管理部门的领导干部对工作性质的认识还不到位造成的。为了协调好这些关系，各社团组织之间或与学校其他部门之间应经常进行沟通，交换组织活动有关信息，以便达成目标的一致，特别是与上级主管部门之间要保持良好的沟通，这是社团组织活动避免组织冲突的有效办法。

4.学校管理层面应给予一定的资金扶持

目前各高校体育社团的经费来源一般有两个途径：一是由会员缴纳会费，由于社团成员人数有限，所交的会费很少，大部分体育社团收的会费偏低，收取的会费供活动使用。由于体育社团规模的限制和会员人数的影响，每年缴纳会费的额度有限，这样仅靠收取会费，很难维持社团的正常活动。第二个途径是拉助，由于体育社团活动的规模小，影响力小，另外西部地区经济水平落后地区，资金雄厚的大型企业较少，各高校体育社团得到社会资金的助很少，偶尔有机会会拉来一些助，也解决不了实际。因此学校管理层面应考虑到体育社团的具体困难，给予一定的经费支持，确保体育社团各项活动的正常进行。

四、结束语

体育管理学是一门正在形成的学科，体育管理学是用管理学的知识来　观察和解决体育领域的问题，体育管理学的理论和有关概念还要进一步规范。在体育管理学视阈下总结分析大学生体育社团在高校体育管　理中的本质和规律，在很大程度上还处于无法解决的理论化标准阶段。因为不解决基本理论标准化问题我们既无标准对客观事物做出正确的评价，只能用现有的理论来把握其的发展方向，提出一些自己的看法，并通过自己的实践经验去概括大学生体育社团在高校体育管理中　应该注意的一些问题。

第七章　大学体育教学管理

我国的学校教育历史悠久，有着丰富的教学管理的经验。早在我国古代第一部教育专著《学记》中，就记载了考核办法、如何管理学生、如何安排作息时间等教育管理问题。随着社会的稳定和经济的快速发展，国家的文体工作受到了高度重视。新时期普通高校体育教学管理工作无法再按照传统的模式展开，而是要从多个方面出发，制订出合理的规划，完成体育教学管理工作的转变，从而培养出更多的体育人才。体育课是大学基本的课程之一，体育关系到一个学生的身体健康，所以搞好体育教育是非常重要的。近年来，大众化是高等院校发展的一个重要的趋势，这对于高等院校的体育教学管理同样也提出了新的课题。

第一节　大学体育训练管理

高校体育运动队要想取得优异成绩，科学的训练和高效的管理尤为必要，它一方面能够为运动员制定明确的训练目标，指明努力方向，另一方面也保证了运动员的个人健康，避免因训练量过大而出现身体劳损。从整体上看，国内高校体育运动队的训练和管理仍然存在诸多问题，没有达到预期的体育教学目标，因此，教练员必须要深入分析现阶段运动员训练和管理中问题的成因，并在此基础上探寻可行性的解决对策。

一、大学体育训练管理原则

1. 自觉积极性原则

自觉积极性原则指体育锻炼者有明确的健身目标，充分认识体育锻炼的价值，自觉积极地从事体育锻炼活动。体育锻炼是一个自我锻炼、自我完善，并需要克服自身的惰性，战胜各种困难过程。同时，还要有一定的作息制度作保证，把体育锻炼当作生活中不可缺少的一部分，才能奏效。

2. 讲求实效原则

讲求实效原则是指选择锻炼内容、方法和安排运动负荷时，应根据个人的性别、年龄、职业、健康状况，对锻炼的爱好、要求和原有的基础，以及生活条件等实际情况来确定，使体育锻炼更具有针对性按科学方法进行锻炼，以取得最佳的锻炼效果。

3. 安全性原则

从事任何形式的体育锻炼都要注意安全，如果体育锻炼安排得不合理，违背科学规律，就可能出现伤害事故。为了保证体育锻炼的安全。

4. 循序渐进原则

渐进性原则是指体育锻炼的要求、内容、方法和运动负荷等都要根据每个人的实际情况，由易到繁，运动负荷由小到大，逐步提高。

5. 持之以恒原则

经常性原则是指应坚持长期的、不间断地、持之以恒地进行体育锻炼。众所周知，生命在于运动，运动宜贵有恒。

6. 全面性原则

全面性原则是指通过体育锻炼使身体形态、机能、身体素质和心理品质等都得到全面协调的发展，在体育锻炼时，要注意活动内容的多样性和身体机能的全面提高。

二、大学体育训练管理的优化

1. 从教育学角度探讨运动员的主体地位

教育活动是由教师和学生共同构成的人际交往活动，是师生相互为依存、共同发展的特殊活动。教育的任务是促进人的发展，其中主体性的发展是人发展的核心。教学实践过程中已证实：学生只有处于主体地位，在明确教学目标的基础上进行自觉学习、自觉评价、自我管理，才能真正调动了学生"学"的主动积极性，发挥了"学"是主体地位的作用。

传统认识上的运动员往往表现为"被训"或"服从"的角色——运动员单纯接受来自外部的信息，缺乏自主性的处理过程。运动员过分依赖教练员，表现为盲目接受，缺少创新意识。现代竞技体育及运动训练的发展，对运动员个人能动性发挥作用的要求越来越高，外部的"外化"力量——以教练员为主的"智囊团"发挥作用，是以运动员的"内化"为前提和基础的，只有这样，才能转化为运动员自身的种种能力，因此，运动训练活动中的各种安排必须考虑运动员作为"主体"地位的实际"需求"，一切以运动员为"本"，不仅把运动员作为生物人来看待，还应重视运动员的社会属性——运动训练过程中要发挥运动员的"参与与决策"作用。

2. 从社会心理学角度探讨运动员的主体地位

社会心理学主要研究主体与社会客体之间的特殊关系，即人与人、人与群体之间的关系。人的主体性的一个重要体现就是其社会性，主体性的形成和发挥在很大程度上取决于主体社会化的水平和价值，强调以人为本就是强调人的人格、个性，特别是社会性，不至于迷失，同时更好地丰富主体社会化。

训练、比赛是运动员的中心任务，创优争胜是其职业目标和社会责任。运动员的职业特点，使他们在成长和发展过程中面临许多问题和挑战。竞技体育发展到今天，"锦标主义"（政治利益）和"拜金主义"的充斥，在运动训练与竞赛过程中，一些非理性、非科学、非人性、甚至非法手段的采用等等，导致竞技体育过程的变质，如果不能从运动员的自身改造出发，而仅仅追求一些外部的、浅层面的东西，如对金牌，知名度，金钱的追求，不仅不能实现运动训练效果，而且还会脱离运动训练的本质，扭曲运动员的身心，使得训练及比赛成为"金牌意识"的代名词，从而使得人的本质特征被淡化。只有当运动团队真正认识到运动员的主体作用，并在实践中自觉地体现运动员的主体价值时，才能使其得到真正的全面发展，才能成为竞技体育的主体，使他们不成为物质利益的俘虏，能够充分主宰自我。要做到这些，对于运动员来讲是困难的，但并非不能克服。竞技的主体是运动员，运动作为社会的人必须要具备人的社会属性，这就要求在运动训练过程中加强主体地位的培养，是完全有可能使运动员具备这种品质的。

3.从组织行为学角度探讨运动员的主体地位

人类进入文明时代以来，组织在社会中发挥了重要作用，特别是现代事务的复杂性愈加突出了组织在竞争中的主体地位。如何将有限的资源合理组织起来获取更大的收益，关键仍在于组织，在于抓住主体。

运动团队是运动员成长发展的基本社会组织形式和群体环境。运动团队的存在状况与发展趋向与其团队成员有着十分密切的关系。运动员的训练、比赛和生活，是在所处运动团队环境中进行的，传统组织管理中把运动员作为"物"来管理，而不是重视运动员作为"人"训练，加之运动员大都是大学生，处在身心快速生长发育阶段，其思想，行为的可塑性很多人，再加上训练比赛流动性人，接触社会较多，如果放松了对他们的教育和管理，很容易受到不良社会风气的影响和腐朽思想的侵蚀。

因此在对运动员训练过程中，要求尊重、理解、赏识、鼓励运动员，强化了运动员的主体地位，教练的训练组织活动只有通过运动员自身内因的作用才能达到最终的训练目的，让他们在浓浓的情感氛围中不断自我发展，激发他们的训练热情与潜能，进而推动运动队整体的发展。

4.运动训练中认识运动员主体地位的意义与建议

（1）强调运动员的主体性，重视教练员与运动员的共同发展

长期的训练实践证明：这种否认或者损害运动员主体性地位的行为，是违背训练规律的，是以制约运动员和教练员全面发展为代价的。运动员参与训练的原则，带来了与传统训练不同的训练组织形式，只有运动员主体地位得到充分肯定，运动员与教练员之间建立平等、合作、共进的关系，教与练才能相得益彰，才能实现运动员的全面发展。

（2）进一步增强发展运动员主体性地位的自觉性主体性是人的本质属性，是人全面发展的根本特征。现代训练的核心是以人为本，全面发展充分发挥运动员的主观能动性，主动地训练，有个性地训练，养成独立自主训练的习惯，进而获得运动技能，进一步提高运动能力。

（3）运动团队协调统筹，服务运动员运动团队是运动员的训练、比赛和生活的组织形式和所处环境，同时又是运动员社会化、成才及价值观形成的场所，其存在和发展与运动员关系密切，相互作用。协调科研、训练、管理各方面，改善结构功能，共同服务运动员，促进其成长，同时又能保证运动团队稳步发展。

第二节 高校体育场馆管理与运营模式

高校体育活动的正常开展须有一定数量的体育场馆作保障，高校体育场馆其基本功能是为高校的体育教学服务。高校体育场馆是高校体育教学、训练和比赛的基础设施，同时也是高校的主要建筑物，往往代表一个学校的形象。随着我国综合国力的不断增强和改革开放的进一步深化，以及国家对高等教育事业投入的增加，作为高校硬件设施的体育场馆也得到了迅速发展，在这种背景下，高校体育场馆的功能也在逐渐向多元化方向演变，过去的福利性、行政性管理模式已经不能适应现代化体育场馆的管理需求。因此，一个合理健全的管理与运营模式对体育场馆管理与运营的好坏不仅关系到能否充分发挥体育场馆设施的功能、使用寿命，也关系到其社会效益和经济效益。在满足学校日常教学前提下，如何发挥高校现有体育场馆设施的优势，并让这些场馆和设施发挥出最大的社会效益和经济效益，建立一个健全的高校体育场馆管理与运营模式已成当务之急。

一、高校体育场馆服务群体的主要特征

1. 大学生体育爱好者

大学生是高校体育场馆的主要服务对象，他们来自不同的地区，不同的社会层面，综合素质参差不齐，身心发展还处于不成熟期，他们对体育活动都很感兴趣，由于自身不够成熟、缺乏社会阅历等局限性。因此，在管理过程中，要针对学生的心理特点，采取相应的方式。大学生群体参加体育活动的程度和他们原来所处的社会环境，家庭环境，进入大学后所处群体的体育态度，所学专业等息息

相关，如：农村学生和城市学生相比，参加体育活动的次数就少，项目也较单一。

2.教职员工体育爱好者

高校的教职员工是现代大学中一个重要的社会主体，他们大都具有较高的学历，他们的荣誉感和自尊心特强，他们和其他社会成员比更需要精神满足，由于职业的原因他们大部分人尚未具有主动参加锻炼的体育意识，他们的活动大多只限于轻便的晨练慢跑和徒手操等，他们中间参加体育场馆活动的以年轻人为主。对这部分人要逐步引导他们参加一些适度的、有趣味性的体育活动，使他们感觉到体育活动的益处和乐趣。场馆管理人员要理解、尊重和爱护他们，对他们不能言辞过激。

3.校外体育爱好者

每个高校都不会独立于社会而单独存在，它们必然和周边社区息息相关，高校体育场馆为他们提供了锻炼、娱乐场所，他们也给体育场馆带来了一定的收入。这部分人的数量和素质与高校所处的地理位置有密切关系。人口越密集地区，参加体育活动的人越多。周边人文环境越好，参加体育活动的人综合素质越高。此外场馆设施的好坏、收费的高低也是吸引他们参加活动的重要因素。

二、高校体育场馆管理与运营现状

1.高校体育场馆的性质

高校体育场馆是为广大师生员工提供体育教学、训练、竞赛及运动锻炼的场所，其主要任务是增强高校师生的体质水平，提高高校运动技术水平和为建设社会主义精神文明服务。随着我国综合国力的不断增强，以及国家对高等教育事业投入的增加，作为高校硬件设施的体育场馆也得到了迅速发展，在这种背景下，高校体育场馆的功能也在逐渐向多元化方向演变，因此，过去的福利性、行政性管理模式已经不能适应现代化体育场馆的管理需求。研究在市场经济条件下采取什么样的管理机制让这些场地和设施发挥出最大的社会效益和经济效益、吸引更多的学生到课外体育活动中来，目前已成了高校体育竞争中又一突出的问题和体育教师们普遍关心的热点问题。进入21世纪，由于经济、社会的改革与发展，我国高校体育已不再是单纯的校园体育，高知识人群对体育的需求日渐增强。随着体育体制和教育体制的改革，高校也逐步参与高水平竞技体育人才的培养，学生体育协会和体育俱乐部的发展、休闲体育运动和交流体育运动的激增都对现代化体育场馆使用过程中的程序、安全、效率、维护以及场馆环境等方面的专业化管理提出了新要求。

2. 高校体育场馆管理与运营模式现状

在我国，高校体育场馆是学校的公共体育设施，承担着培养全面发展的大学生的任务，具有很明确的社会公益性质，这就决定了高校体育场馆的主要任务应该是完成大学体育教学、课余训练、群众体育等。但是，由于体育场馆的日常开支和维护费用昂贵，加上一般高校用于体育设施与管理的资金又十分紧缺，因此，高校体育场馆必须走"以馆养馆，以场养场"的道路。近年来，我国高校体育场馆或多或少都实行了对外开放、有偿服务，完全意义上的行政管理模式几乎不多了，取而代之的是体育部门管理的模式、租赁承包模式以及全物业管理模式等，在这中间，又以体育部向学校集体承包较为多见。在高校体育场馆经营中，目前大多数高校把体育的社会效益放在首位，兼顾经济效益，但其正逐步被作为产业进行开发，走自主经营、独立核算、自负盈亏的企业化道路。

高校体育场馆以前一直是由体育教学系或部来管理的，体育院校一般由教务部门来管理。近些年，国家投入了大量资金建设高校体育场馆。作为国有资产的体育场馆，同样面临国有资产保值、增值的问题。虽然高校体育场馆主要功能是体育教学、训练，但是如何维护体育场馆、在学生课余时间充分地开放体育场馆、实现以馆养馆、缓解体育办学经费不足的想法符合学校整体发展的思路。面对体育场馆功能多元化的新形势。高校应与时俱进、积极探讨、改革体育场馆管理模式。

（1）体育场馆由体育系、部(教学部门)代管

应该说采取这种管理模式的高校还是大多数。这种管理模式的弊端是显而易见的。体育教学系，部是教学单位，其主要职能是负责高校的体育教学、训练。体育场馆需要专业化管理。它不仅对保安、保洁和维修有要求，更要求有体育场馆经营管理的专业知识、体育器材维修专业技术和管理的创新思维。应该说，场馆管理的专业化问题随着场馆数量的增加、质量的提高显得愈发重要。作为体育教学系、部面对日益增多的体育场馆设施，很难做到"一手抓教学、一手抓场馆管理"，很有可能是两头都没有抓好。甚至有时为了体育场馆的利用率而照样开馆使用，出现使用多、养护少、体育场馆设施日见损坏的问题。

（2）专门机构管理模式

在这种模式下，学校一般设立场馆的专门管理部门，如场馆管理中心。该部门专门负责管理学校所有场馆的使用和经营，实现了体育教学与场馆管理的分离。体育院校采取这种管理模式的越来越多。究其原因主要有两点，一方面，体育院校的场馆相对比较多，质量高，对场馆管理专业化的需求更迫切。另一方面，体育院校具有学科优势，在全民健身、体育产业等方面拥有很多专家，场馆开放意识较强。体育场馆设施管理中心把体育场馆设施管理得井井有条，国有资产得到有效的保值，解决了体育教学部管理体育场馆之累，也解决了教师为上课准备教学器材设施之烦。

（3）混合式管理模式

混合式管理是对前两种管理的综合。有些学校对场馆加以区分，部分场馆主要用于教学，部分场馆主要用于经营。对属于教学用的场馆归体育系管理，对划分为经营的场馆归学校校办产业部门管理。这是一种过渡形式的管理模式，在一定程度上缓解了原有管理模式与场馆功能多元化之间的矛盾，但并没有从根本上解决问题。教学用场馆也存在一个向社会开放的问题，只不过开放的时间、空间、力度、深度与经营性场馆有所不同。考虑到特殊情况，比如教学场馆改造，经营性场馆也要保证教学。另一方面，混合式管理还产生了场馆分散管理的新问题，场馆资源未能很好地整合，不符合场馆管理专业化的要求。

三、高校体育场馆管理与运营模式

1. 承包经营管理

在不改变所有制性质的前提下，按照体育场馆所有权与经营权完全分离的原则，以承包合同形式确定所有者与经营者间的责、权、利关系和承包年限，使承包人能根据公共体育场馆的自身条件和体育健身市场发展的基本规律，做到自主经营、自负盈亏。承包人按合同书规定，每年向所有者交纳一定的租金，并负责高校体育场馆日常管理和设备维护、维修。而大型的设备更新、维修则仍由所有者投资。

对于承包后的高校体育场馆，要求不能改变其为高校师生提供体育健身服务的性质，必须保证为全民健身、体育教学和运动训练提供场地服务，也要为高校举行各种体育比赛提供场地服务。承包经营管理可以提高体育场馆的利用率，发挥更高的经济效益和社会效益。

2. 租赁经营管理

实行高校体育场馆所有权与经营权分离的租赁经营方式，是指产权人授权给承租方，将体育场馆有期限地交给承租方经营，承租方向出租方交付租金，并依据合同规定对场馆进行自主经营。也可以采取合作的形式，即所有者以场馆资产入股并控股（股权高于50%），租赁经营者（经营公司）投资参股49%，并与所有者签订经营协议。经营收入除日常支出和负担小型维修外，盈亏由所有者与经营者按股份分成。显然，这种经营管理方式，不仅使所有者有控股的权利，而且降低了经营成本，提高了经营效益。既扩大了高校体育场馆的对外开放，满足了广大的体育爱好者增长的体育健身需要，也提高了职工的待遇和积极性。

3. 委托经营管理

这是高校体育场馆所有权与经营权分离程度较小的一种经营方式，即场馆所有者，通过一定的方式选派经营者作为高校体育场馆的负责人，代理所有者经营高校体育场馆，所有者不直接参与经营管理。在经营管理上，经营者与所有者签订合同协议，规定全部收入要上交，经营者没有支出经费的权利。所有者不仅核定场馆的年度支出预算，也下达收入预算项目和收入指标，以加强经费预算管理的计划性和约束力。

委托管理方式并不改变高校体育场馆为高校师生体育教学、健身、运动训练和竞赛提供场地服务的性质，仅是变换了高校体育场馆的经营主体，其作用是把新的经营理念和管理方式带进体育场馆的经营活动中，提高了管理效率，也提高了经济效益。

4. 企业化管理模式

不具备建立现代企业和管理条件的高校体育场馆，作为过渡性措施，也应采用事业单位企业化管理的方式，加强经营管理，尽力提高经济效益。

高校体育场馆实行企业化管理，有以下几个层面的问题要解决。首先，理顺高校体育场馆管理的体制，给予场馆更大的经营管理自主权，为今后整体的发展打下坚实的基础。其次，明确国有资产的授权经营责任，可采取对原有非经营性资产进行清产核资，按规定和程序转换为经营性资产。确定投资方式与投资程序，明确场馆对经营资产处置的权限，对国有资产变更和增值、经营利润和收益利润如何分配，以及分配方案，都须按照企业经营管理程序依法进行财务管理等措施进行控制。其三，参照企业法对企业化场馆实行规范化管理。企业化管理模式有利于场馆统一管理，实现场馆企业化经营理念，发挥场馆的最大效益。但场馆真正实现企业化管理模式还需要一段时间的实践，作为过渡性措施，也可采用事业单位企业化管理的方式，加强经营管理，尽力提高经济效益。

5.公司治理模式

公司治理模式实际是选择建立现代企业制度。公司治理模式是指由企业的所有者、董事会和高级管理人员组成的一种组织结构，通过这一结构，所有者将自己的资产交董事会托管，董事会是公司的最高决策机构，拥有对高级管理人员的聘用、奖惩、以及解雇的权利。将企业改组为公司，可达到几个目的：筹集资金；通过分权制衡的法人治理结构，实现科学民主管理；理顺政企关系，转换经营机制；降低投资风险。

将高校体育场馆以公司治理结构进行改造，特别是进行股份制改造，是彻底的改革模式。虽然目前我国大型体育场馆的公司化改造还处于探索阶段，这可为高校体育场馆经营管理向公司治理转换提供一些有价值的、可借鉴的教训和经验。尽管公司治理模式在许多地方显示了其合理性，反映了社会和市场经济发展的趋势，但目前将其应用于高校体育场馆的管理体制改革仍然有一定的困难和局限性，需要从理论到实践进行积极的探索。

6.星级酒店式经营管理

星级酒店式经营管理模式是指高校体育场馆的运营应该像星级酒店一样，运营程序涉及选址、设施规划、投资结构、后期的商务管理、行销计划、人才资源计划、项目创新，以及公共安全等问题，整个运营程序全是由专业的管理团队来运营的一种管理模式。

星级酒店式经营管理模式并不仅仅指场馆建成后的酒店管理，还包括改变投资结构，通过市场手段多渠道筹资、融资；高校体育场馆实行星级酒店式的经营管理的优势是：其一，投资结构多元化；其二，满足体育场馆功能的多元化需要，突出"以人为本"的人性化理念；其三，培养高素质的员工队伍，树立正确的经营理念；其四，有利于把握市场定位，发展项目创新，经营专业化；其五，采用品牌营销策略，并利用品牌延伸产品，拓展市场。高校体育场馆实施星级酒店式经营管理，将真正实现从制度型经营管理向人本型经营管理转变，以财务为核心的经营管理向以现代营销为核心经营管理转变。

第三节　大学体育文化氛围的营造

校园体育文化是一项系统工程，　通过体育课传播体育文化思想、学习体育文化的基本理论知识和实践能力、介绍开展体育文化的各种内容和方法，可以与当前体育形势或学校正在开展的体育活动相配合，从而制造良好的校园体育活动气氛。

青年学生富有青春的活力，朝气蓬勃、富有想象力，他们是校园体育文化建设的主体。要营造一个活跃、丰富多彩的校园体育文化氛围，积极引导学生参与体育锻炼，使其养成锻炼习惯，终身受益。

一、校园体育文体建设的主体

校园体育文化是一项系统工程，需要建立以主管体育的校长挂帅，有体育部、学生科、学生会各体育俱乐部共同协作配合的办事机构，下设活动组织部、新闻宣传部、安全保卫部等，全面负责学校体育文化活动的实施。

以分管体育的校长负责，落实领导管理工作，及各部分工作之间的协调配合。

体育教学部是校园体育文体活动的主体机构，对全校体育活动作总体安排和具体落实，负责制定各项体育活动的实施方案，包括内容的确定、比赛的组织、裁判人员的培训及赛前各项准备工作等等。

加强校园体育文化的宣传，使体育观念深入人心。在开展各项活动期间，要制定新闻宣传方案，加强新闻报道人员的组织，利用校广播电台和校刊向全校师生进行体育活动的宣传报道。

二、校园体育文化的内容与形式

1.体育课。体育课是实现学校体育目标的基本组织形式，是对学生进行有目的、有组织的教育过程，是校园体育文化的基本组成部分。通过体育课传播体育文化思想、学习体育文化的基本理论知识和实践能力、介绍开展体育文化的各种内容和方法。

2.课间操与课外体育活动。早锻炼、课间操和课外活动锻炼的空间广阔，内容丰富，形式多样，能吸引广大学生参与。它的灵活性、选择性能较好满足不同年龄、性别、兴趣爱好，不同基础水平学生的不同要求，这对发展学生的个性、提高锻炼的积极性、自主性和创造性，形成各人个性心理特征有着积极的意义。

课外体育活动既可以完成体育技能、体育素质的练习，又能活跃校园体育文化的内容，促进学生体育活动积极性的提高。

3. 校园各类体育比赛。包括院田径运动会、选拔运动会、足球联赛篮、球联赛，健美操等是学校开展体育文化活动的主要形式。运动会比赛项目多种多样，内容丰富，既有个人项目，也有集体项目，能激发参加者的积极性和竞争意识。运动会前各系部积极投入到赛前的准备，入场式队列练习、广播操练习形成校园里的一道亮丽的风景线。开幕式上各系多姿多彩的展示形式，体现了学生团结健康向上的精神风貌。

4. 体育文化节、体育周。体育文化节面向全体学生，将体育文体作为素质教育的重要组成部分来抓，为学生提供展现个人才华、技艺的机会，培养发展学生个性，增强集体荣誉感，提高全校师生的体育文化素养。

集中利用一周的中午和下午课外活动时间，组织开展以趣味为特色的体育活动，要求学生人人参加，使学生在快乐中体验运动的乐趣，如拔河、多人绑脚跑、摸石子过河、袋鼠跳、踢毽子、长绳接龙、抱球跑、障碍运球等项目。这些活动参加的人数多，教师和学生一起参与比赛，场面热烈，运动员们争先恐后，激烈竞争，各班组成的拉拉队文明、奔放、热烈，充满激情与活力，营造了良好的竞赛氛围。

5. 体育知识讲座、竞赛。体育知识讲座是丰富学生体育知识的重要手段。讲座题目可配合教学任务、国内外体育时事、体育动态、体育明星介绍、体育项目介绍、学生关心的热点和焦点等等。学校组织体育知识竞赛简单易行，结合讲座内容及各报纸杂志内容，组织各班级或全校性的体育知识竞赛活动，以提高学生对体育文体知识的积累和参与体育活动的积极性。

6.运动队训练。学校在业余时间组织的运动队，不仅可以提高学生的运动技术水平，而且还可以培养出一批各项运动的骨干，对学校群体活动起到指导和画龙点睛的推动作用。运动队的建立，要以学校传统项目为主，确保重点，以保持学校的传统优势和特色。

7.图片、板报宣传。利用黑板报、橱窗的宣传栏和海报进行定期或不定期的宣传、展览，内容可以是专题，也可以是一般知识介绍，还可以与当前体育形势或学校正在开展的体育活动相配合，从而制造良好的校园体育活动气氛。

总之，学校要大力营造和培育校园体育文化，要根据学生的年龄、文化层次、校园体育设施条件及学校传统的体育特点，选择不同的体育活动，形成有自己风格和传统特色的校园体育文化。

第四节　完善体育评价与考核标准

在体育教学中，面对新的目标要求，如何以一种新的理念，新的尺度去衡量学生，对学生进行考核评价评价已成为体育教育在学校教育中的存在的价值取向问题，是体育教学改革和发展的重要课题，也是难题。

在体育教学中，面对新的目标要求，如何以一种新的理念，新的尺度去衡量学生，对学生进行考核评价评价已成为体育教育在学校教育中的存在的价值取向问题，是体育教学改革和发展的重要课题，也是难题。那么，如何进行新课改下大学生体育的考核评价呢？

一、大学体育成绩考核评价的现状

1.评价内容缺乏综合性。

目前，大学生中普遍存在着厌倦上体育课的现象。运动是人的天性，大学生应该喜欢从事体育运动，为什么随着年龄的增长，厌倦体育的情绪却与日俱增？这有多种因素，如教法不当、教材内容安排不科学等，但其中最重要的原因在于我们现行的教育评价很难让学生了解自己的学习成效和锻炼效果，大大挫百度伤了他们的学习主动性。

我们的体育教学考核项目从小学到大学，都依据《国家体育锻炼标准》，学生对这些重复的考核项目缺乏兴趣，缺乏选择，这样就不能很好地发挥学生的个性特长，也不能很好地反映当今学生的健康状况。

2.评价标准忽视了相对性

以运动成绩为评价标准的这种评分模式，否定了学生个性的先天差异，忽视了学生的兴趣、特长，也违背了学生身心发展规律。我国各地区学生身体生长发育情况不同，同一地区也存在差异，对学生身体素质的考核及达标评价统一以年级体育课《身体素质运动能力考核评分标准》和《国家体育锻炼标准》来评分显然是不适当的。许多在教育一线的体育教师常常深有感触：有些学生不用苦练甚至不练，参加体育成绩的考核也能得高分，而另一些学生（大学最典型的是肥胖儿）再怎么练，尽管主观上十分努力，也摆脱不了尴尬的结果，这也正是目前体育教学考评中出现的矛盾所在。

3.评价方法只重视终端评价，忽视过程评价。

从单一的"分数"角度评价学生的体育课成绩，往往会使学生为着考核项目的达标而忽视对其他基本技术的学习和掌握。我们都深有体会，反应速度素质的短跑项目一般是女生较难取得好成绩的一个项目，学生在考核中，只重视考核结果，却忽略了对快速跑基本动作技术的学习和掌握。

二、进行大学生体育的考核评价的策略

1. 形成性评价

（1）书面体验式自我评价法。大学阶段的学生由于自我评定的价值观尚未形成，如果用简单的量化法评定，他们会在"你好，我好，大家都好"地从众心理状态中，都打高分，而达不到评价的目的。以书面形式，着重强调学生体验式的自我评价，强化学生对目标的思考，同时也给教师创造了与学生交流的机会。

（2）"责任分担"评价法：

人的体能，体质生来就有差异，再加上我们近60人的大班教学，教师很难照顾到所有的学生，教师把"照顾"的责任分摊。让学得较好的学生教较差的学生。规定：根据教的和学的结果进行"捆绑"评分，既是学好了或教好了，两人都加分，否则两人都减分。利用这种评价方法，引发生生之间的共同愿望，让学生感到自己对他人、对集体所要负的责任与达到目标合作的重要，以责任激发动机。

（3）多项选择评价法：

主要是在体质项目测试的评价上运用多项选择评价法，让学生在心理上有降低难度感，而激发去目标靠拢的动机。在运动技能项目的评价上，采用多种方法中选择考核的方法。例如，在篮球投篮考核中，学生可选择任何一种投篮方法进行，但投篮的基本知识点，也就是投篮时，出手的高度和出手的角度（球路）要掌握。

（4）多次考试（测验）评价方法：

体育课中所有成绩的评价，教师随时鼓励学生利用各种机会和时间，去刷新自己的成绩，创造每一次练习可作为考核，每考核一次也就是一次练习的机会，在一定的时间内，教师等你。

（5）"努力的程度"评价法：

此种评价方法，是一种分层评价法，它以学生自身为基点按努力的程度和进步的幅度进行评价。对体育成绩好的学生就不能坐享其成；对体育成绩较差的学生和个体差异大的学生，只要你努力了也会有好成绩。一般以学生在原有的成绩上加分进行评价。

（6）借"分"评价方法：

根据学生的个性和不同学习阶段的心理状态在评价时，为满足学生的心理需要，"借分"给学生，并教学生努力方法，待学生努力后再还给教师。此法是借教师对学生的信任和期望，激励学生，按目标调整自己的行为。

（7）口头评价方法：

主要在体育能力评价上使用。例如：学习、培养学生体育组织能力时，教师按要求提出评价标准，教师与学生共同评价。

2.考核评价方法的综合运用

（1）学生自评时要求在全班同学面前报分，并根据自己的能力考核、体能、技能、学习态度、体育与健康基础知识等进行公开评价。

（2）班委会评价主要是由班干部根据同学的能力考核、体能、技能、学习态度、　体育与健康基础知识等进行公开评价。平时，班委会同学注意观察和登记同学的能力考核、体能、技能、学习态度、体育与健康基础知识等情况，积累材料，实 事求是地给他们打分，并说明评价的理由。

（3）教师评价是教师根据学生的学习目标达成程度、行为表现、进步幅度等，参照学生自评与互评的情况，对学生的能力考核、体能、技能、学习态度、体育 与健康基础知识等进行公开评价（实行加减分方法给每一位同学评价）。

3.考核标准指标和评语相结合

评价标准把健康必备的身体素质与为了获得某种技能所需要的身体素质区分开来，在速度和力量等素质上不要求学生越快越好，力量越大越好，注重对学生的过程评价。开学初，先对学生与健康素质有关的几个项目摸底测试，并以此为原始成绩，一学期进行期中与期末的两次全面考核，不是每个学生都用一个考核标准。注重以评语为主的方式肯定学生的成绩与优点，同时指出今后的努力目标。这样学生就从枯燥单调的"达标、身体素质测试课"中解放出来，使他们有更多精力从事自己感兴趣的、并有社会基础的运动项目，促使学生良好健身习惯的养成。

第五节　体育教学中的风险管理

伴随着现代科学的进步，风险及风险管理已经广泛地应用于环境科学、自然灾害、经济学、社会学、建筑工程学等领域，但是在体育教学领域，风险管理的研究才刚刚起步。教学伤害风险是体育教学中对学生身体健康不利事件发生的可伤害风险的构成要素

一、风险因素

风险因素是指促使某一特定风险事故发生或增加其发生的可能性或扩大器损失程度的原因或条件。它是风险事故发生的潜在原因，是造成损失的内在或间接原因。查阅近十年来有关体育课伤害事故的研究论文，现将风险因素可分为教学场地因素、运动装备因素、教师因素、学生因素四类。

1.教学场地因素

教学场地是开展体育教学的场所。有室内和室外之分，在室内场地，教学场

地因素包括了场地、照明、温度、湿度、球网、网柱、篮板、篮架等；在室外场地，场地因素包括了场地、日照、温度、湿度、风速、球网、网柱、球门、篮板、篮架等。

2.运动装备因素

运动装备因素包括运动器材、运动服、运动鞋以及佩戴的饰品和眼镜。

3.教师因素

教师因素包括教师的专业技术水平、教师的教学能力、教师的管理能力、教师的职业道德水平、教师身体机能水平以及教师的心理素质。

4.学生因素

学生因素包括学生的运动技术水平、学生的身体素质水平、学生的学习能力、学生的道德素质、学生的身体机能水平以及学生的心理素质。

二、伤害事故

伤害事故是指体育教师含教辅人员失职、管理不当或违反教学工作条例，在体育教学或教学管理中出现失误或过错，造成教师或学生人身伤害。 伤害事故是体育教师或教辅人员失职或管理不当引起的，属偶发事件、意外事件，是造成身体、财产、信誉、责任损失的直接的或外在的原因。教学伤害风险因素只有通过伤害事故的发生才能导致损失。

损失是指由于伤害事故所造成的身体伤害、财产减少、信誉降低以及额外经济费用的增加。通常我们将损失分为两种形态，即直接损失和间接损失。

直接损失是指风险事故导致的财产本身损失和人身伤害，这类损 失又称为实质损失；间接损失则是指由直接损失引起的其他损失，包括额外费用损失、收入损失和责任损失。在风险管理中，通常将损失分为四类实质损失、额外费用损失、收入损失和责任损失。

三要素之间的关系风险本质上就是由风险因素、伤害事故 和损失三者构成的统一体，这三者之间存在着一定的因果关系，但 是必然的。 风险因素引起或增加伤害事故，伤害事故发生可能引起损失。

三、体育教学中人身伤害风险的特征

风险具有客观性是指体育教学中，人身伤害风险的产生是不以人的意志为转移而客观存在。体育教学的实施是通过学生身体运动完成的，体育运动对学生身体产生一定强度和量的刺激，这种刺激作用于学生的身体，学生的身体能否承受本身具有一定的风险性，加之体育运动本身具有竞争性、对抗性等特点，体育教学中存在人身伤害风险是必然的，具有确定性。作为体育教师，体育教学的主导者，我们只能通过一定的方法手段在一定的时间和空间内改变这种风险存在和发生的条件，降低风险发生的频率和损害程度，但是却难以彻底消除风险。

四、体育教学中的风险管理

风险管理是一个连续的、循环的、动态的过程，主要包括建立风险管理目标、风险分析风险识别、风险衡量、风险评价、风险决策选择风险管理技术、风险处理、风险管理效果评价等五个基本步骤。

1. 明确风险管理目标

风险管理是一种有目的、有计划的管理活动，它的成功与否很大程度上取决于是否有一个明确的风险管理目 体育教学伤害风险管理目标是做好伤害事故发生的预防工作，尽量减少甚至避免体育教师和学生在体育教学中遭受伤害。 如果伤害事故已经发生，及时采取措施，尽可能地降低伤害程 度，减少损失。

2. 风险分析

风险分析是指对体育教学面临的和潜在的伤害风 险进行预测的过程。 一般包

括风险识别、风险估计、风险评价三个环节。

3.风险管理决策

风险管理决策是指根据风险管理的目标和宗旨，在科学的风险分析研究的基础上，合理地选择风险管理工具，从而制定出处置风险的总体方案的活动。即从几项备选方案中进行了筛选，选择最经济、最合理、效果最 好的风险管理方案。风险管理决策分为两个步骤：第一步，根据风险管理目标以及风险分析的结果选取管理方法，拟定风险处理方案。第二步，通过比较分析选择风险处理的最佳方案。所选择的最佳风险处理方案必须具有有效性、经济性、全面性、可行性等特点，不冒不能承受的风险。根据体育教学中伤害事故发生的频率和大小，风险管理的方法主要有回避、转移、自留、降低四种。

（1）回避

当体育教学中所存在的某些风险因素导致风险事故的可能性很大，一旦发生损失且损失的程度很严重时，可以采取主动放弃的行动方案，这就是风险避免。它是各种风险管理中最简单也是最有效的方法。例如不在湿滑的场地上跑步，不在大雾天气里运动，不再寒冷的季节里开设游泳课以及取消一些风险系数大的运动项目如撑竿跳高、跨栏等等。

（2）转移

当具有高风险的教学内容必须执行的时候，可以 采用风险转移的方法。 风险转移就是将自己面临的损失风险转移给其他个人或单位去 承担的行为。 风险转移可分为非保险转移和保险转移两大类。 非保险转移即将自己的损失风险转移给了非保险业的其他个人 或单位。 例如教学中请校医院安排场外值勤，一旦出现伤害事故立即转交 校医院处理，这样做一是可以降低伤害事故发生后的损失，二是将

伤 害事故可能引起的损失转移的部分给了医院。 保险转移即将自己的损失风险转移给了保险公司。

（3）自留风险

自留是指将那些教学中发生频率较低，产生的损失较小的伤害风险保留给留给学校、教师甚至学生本人来承担，这种承担有时是一种主动、有意的行为，有时却是无意、无奈和被动的，无论有意无意，它只适用于那些造成的损失较小的伤害事故。

（4）减缓风险

减缓是当教学中某些伤害风险无法消除或回避时，校方或教师主动采取的风险管理措施。它有两方面的含义降低伤害事故的发生的可能性。在伤害事故发生之前，消除伤害事故发生的根源，并减少导致伤 害事故发生的概率或者消除事故发生的可能性。减少伤害事故所引起损失的程度。 伤害事故发生时或发生以后，减轻损失的程度，可以抑制损失的进一步扩大。例如学校对体育教师进行急救培训，使教学中伤害事故发生后，能得到最及时的专业处理，抑制伤害事故的扩大。它是一种较为积极的风险应对策略。

4.风险处理

风险处理是风险管理决策的具体实施。影响风险处理的因素有以下几个方面风险管理决策的执行力这涉及到教师的专业技术能力、管理能力以及职业道德水平。一个再好、再完美的风险管理决策，如果执行力度低下的话，依然无法有效控制伤害风险。配合程度。体育教学中学生的伤害风险往往高于教师的伤害风险，这不仅仅是因为学生的运动时间多于教师，更因为教师能更好地配合风险管理 决策的执行。配合程度与学生的道德品质息息相关，简单地说就是学生是否服从管理，遵守课堂纪律，遵守项目规则。教师的应变能力。风险管理决策毕竟只是纸上谈兵，它是理想的，在具体的实质过程，必然会与现实或多或少地发生冲突，这时候教师的应变能力相当 的关键。

5.风险管理效果

评价风险管理决策方案是否切实可行，风险处理的效果如何，风险管理目标是否实现，风险管理需要通过效果评价来检验风险管理决策方法的实际效果，从中发现方案的不足之处并加以完善。

五、大学体育风险管理的策略

正确的认识风险，加强风险管理才能避免、降低事故的发生。风险是由风险因素、伤害事故、损失三个要素构成，三者之间存在着一定的因果关系，但不是必然的。风险具有客观性、突发性、损失性、不确定性、可控性、相对性等特点，这些特点反映了风险的本质，风险是可以管理控制的。风险管理分为建立目标、风险分析、风险管理决策、风险处理、风险管理效果评价五个步骤，有风险避免、风险减缓、风险转移、风险自留四种应对策略。

1.建立健全学校内部体育教学安全制度，特别是要建立伤害事故应急预案和快速处理机制，明确学校、各部门和教师在预防和处置伤害事故中的职责，以确保发生伤害事故后能够快速高效的处理，将伤害减小到最小化。

2.增加教师及教辅人员的风险意识，加强场地器材的安全管理，定期对场地器材进行安全检查，及时发现安全隐患。加强教师的业务学习，提高教师的业务能力，使教学方法手段多样化，避免采用高风险的教学方法和练习手段。

3.加强教师的职业道德教育，增加教学监督，促使教师加强教学管理，增强教师的责任心。

4.对教师进行急救培训，提高教师应对突发伤害事故的能力，使伤害事故能得到及时处理，避免伤害程度或损失的扩大。

5.注重对学生的定期身体检查，与校医院沟通，建立学生健康档案，了解学生的健康状况。

6.对学生进行安全教育，增加学生的风险意识。

7.对于不得不开展的高风险活动，应与校医院联系，共同做好紧急预案。

8.给学生购买意外伤害事故保险。

第八章 大学体育教学的改革和发展

随着社会的发展，我国对于体育人才的需求量在逐渐上升，体育人才正在向市场经济的方向进行转变与适应。针对这一系列的变化以及市场的需求，体育教育专业也需要开始顺应时代的发展进行一定程度的改革，建立起多样化的培养目标及专业性的设置，进而增加体育专业人才。同时在发展的过程中，需要依据我国当前体育专业的教学现状及存在的问题继续有针对性的改革，进而促使我国高校体育教育专业的改革与发展。

第一节 "健康中国"视域下的高校体育教学改革与发展

为了更加深入贯彻习近平总书记"健康中国"战略，为实现"两个一百年"奋斗目标和中华民族伟大复兴的中国梦打下坚实健康基础。本文通过分析我国高校体育教学中所存在的现有问题，探究对策来提高高校学生基本素质能力，拒绝"文明病"，提高学生体能，优化高校体育教学内容，使各高校体育文化在"健康中国"战略的指引下更好的落实并普及到每一位同学，力争达到做健康人，办健康事，行健康路。体育教学改革迫在眉睫。

一、"健康中国"概念的提出及科学内涵

1. "健康中国"的提出

健康是人生存的根本标志，是幸福的前提和基础，同时健康也是评价幸福的重要指标。党的十九大报告中提出"实施健康中国战略"是一个具有更高追求的民生战略，对于提高民生质量具有重要意义。2018年8月26日，中共中央政治局召开会议，审议通过"健康中国2030"规划纲要。在当前我国人民整体素质下滑，人口老龄化的趋势下，高校学生的体育意识和行为必须要得到改善，提出"健康中国"的概念是必然的选择。

2. "健康中国"的内涵

"健康中国"的科学内涵主要包含健康的环境，健康的国民素质，健康要覆盖全国人民三个层面。笔者具体从以下两个方面展开论述。第一，我们要能很好地适应社会。适应能力强是心里健康的主要特征。当代大学生应能与社会保持良好的接触，对于事物有清晰的认识，要有远大的理想和目标。但不能妄自菲薄，空想幻想。第二，我们要品德健康。品德健康是指能够按照法律规范的细则来规范自己的行为，不越线，不做出格的事，在自己力所能及的范围内不伤害他人，做个有道德的公民。

二、"健康中国"背景下高校体育教学现状分析

1. 高校体制过于看重结果，体育评价系统作用不大

高校每年都会针对在校各年级学生所学课业做一次测试，其目的是为了增大学生对体育的兴趣，增加对体育的重视。据报告称，现全国高校大学生身体素质普遍下降，教育部等相关部门十分看重体能体质测试结果，但却忽略了学生身心全面发展。高校中体育课业及格的标准就是看体质测量的结果是否达到及格线，

学生因为不想挂科，不惜以金钱为代价找替考，这就失去了体育课的意义。

教学质量评估数据的价值也不能够完全表露出来，每个学院几乎让学生们给各科教师写优秀的评语，学生的实际想法无从表达，体育评价目标太过于单一化，过分强调评价的功能；评价方式多采用体能测试，过于注重量化，评价技术落后，对体育教学，体育课程的发展，改良，创新作用不是很明显。

2.新老教师交流不足，教学手段较为单一

现行高校体育教师培养体系导致教师年龄差距较大，我们体育教师的中坚力量不足，导致老中青知识体系、授课方法、内容等结合不够，达不到交融融合，学习借鉴。笔者认为新老教师交流不足的原因有以下几点。其一，老教师不爱创新，对已有的知识不进行调整。其二，老教师和新教师沟通少，达不到老教师和新教师优点互补。其三，年轻教师在刚任职前几年，不愿意虚心学习。

在教学过程中，开始部分往往采用慢跑热身进行准备活动的拉伸。这种方式太过于普通，虽然可以达到一定的拉伸效果，但是会给学生带来负面影响。基本部分中多以老师进行讲述。虽然看起来这种老师讲课学生听课的模式很规范，其实不然。体育课不像室内其他科目那样需要特别严谨的知识关联性，它是开放性和趣味性的。

3.学生健康意识淡薄，体育思想理解偏差

学生由于自身原因、家庭原因、社会原因等对体育的认知不够，认为体育运动可能造成身体酸痛。我们国家体育的课程从幼儿园就开课一直到大学二年级，应属于众多科目中课时最多的一个学科，也应是学生们最了解最熟悉的科目。高校除了体育院校或师范院校的体育专业之外，其他院校大多不是很看重体育，所以学生对于体育理解有误。在社会上很多人对体育误解比较深，认为体育只跟运动技能挂钩，并不认为体育还有文化课之类的课程，所以社会上对体育不看重导致我们高校体育对学生体育这方面的重视不足。

三、在"健康中国"视域下高校体育教学改进思路

1. 建立多元化评价系统体系，落实健康第一的指导思想

评价指标分综合素质，知识水平和教学能力。现行评价只关注教师教学能力，工作成效等。且学生只对教师进行单方面的评价。应让教师也要对每个学生进行评价，除了课业水平成绩，应多注重有关学生对体育课的兴趣以及心理状态，以及是否主动地参与到体育运动当中。还应当考核学生的运动兴趣、学习态度、体育心理素质等内容，要注重考查学生平时参与体育锻炼的时间及次数，全方位地考察和评价学生的体育综合能力。

教师上课前应积极备课，避免使用陈旧的上课方式，多在网上找一些前沿的授课内容，课前游戏等，目的为提高学生的兴趣，培养学生对体育的热爱。应在课上多多强调健身功能，注重体育与健康的知识技能等。在教授运动技能和文化课的同时，要关注学生成长，包括身体心理的成长，情感的变化，情绪的高低，要获得全面发展。

2. 改革教学方式，增进教师交流

大一开学之前要进行系统的体育能力评测，采用分班教学等一系列形式。拒绝传统形式的上课，这里说的分班级教学不是按照学校给分好的班级进行授课，而是根据每个院系学生评测的结果进行分班。素质好的同学应相对应的学习理论知识，使其具有一定的知识体系。身体协调性不好的同学多多进行功能性锻炼。也应进行室内的体育教育，比如心肺复苏的教学，黄金抢救四分钟等课程，要求

每个同学都可以多少的了解一些急救知识，顺应"健康中国"的理念，做健康的大学生。

教师之间的问题应多加关注，增进新老教师之间知识体系的深度融合，互相学习，达到优点互学互鉴。学校高层应定期开展教师交流会，促进教师之间的情感交流，教师之间有了情感基础才会互相沟通，知识之间的交叉会对教学有新的灵感和创新，利于教学。

3.注重学生的运动乐趣，奠定终身的体育思想

学生应能自觉自动的投入到运动去，积极地参加体育活动。每个学校都不缺乏以体育项目为中心内容的社团。这些社团应多多开展体育比赛等活动，让学生积极参加进来，秉承着从学生的角度出发，以人为本，让学生可以体验到运动的乐趣，形成坚持锻炼的习惯。比如多多开展以社团形式开展体育活动，通过我们学校的各种体育场地、体育设施以及各个高校的体育教师，体育爱好者来举办一些娱乐活动，推动高校的体育文化建设，促进我们同学间的社交能力和良好协作能力，培养学生坚韧不拔的意志，从比赛中来体会体育精神，利于培养终身体育理念。

四、结语

1.评价应采用多元化系统评价体系，不能只注重结果，学习的过程和过程中的情感因素更为重要，除此之外学生的身心健康也应该放在首位。

2.改革教学方式，摒弃传统枯燥无味的上课过程，多传授文化课知识，例如健身功能，急救知识等。教师之间也应多交流学习。

3.多以团体，社团形式开展体育活动，通过比赛来让学生感受到体育的乐趣，文化，促进学生之间的友谊。

第二节 人性化视野下的高校体育教学改革现状

随着我国综合素质教育的不断推进，学生的身体健康也倍受关注。高校体育教学是学生进行体育锻炼的重要途径之一，运动设备与条件的完善，能够促进学生的运动积极性。在高校学习期间，相对学生的其他成长阶段，学生身心均趋于成熟，对体育教学质量有了更高的要求。高校体育在教学方法与目标方面应具有更具体、更完善的方案，根据学生的成长规律进行有效调整教育模式，使其趋于人性化。以人性化为前提，针对高校体育教学改革的现状与展望展开讨论。

一、我国高校体育改革已经获得的成果

自改革开放以来，高校体育教学的改革与发展突飞猛进。各高校针对体育教学展开人性化调整，并以全球化的高度重视，对高校体育的科学研究展开实践。积累了多种多样的教学模式及丰富的教学经验，使高校体育课堂质量化、标准化，推进学校体育改革与发展。主要表现为以下四个方面：

1.明确高校体育教学改革性质与方向

在我国，高校体育近30年来一直处在不断探索与实践阶段，事实证明，传统的体育教学理论框架，无法对高校体育教学改革与方向的选择提供建设性意见与理论基础。改革是解决高校体育发展问题的重要途径之一，教学改革改善了体育照搬传统教学模式的陋习，通过发展的方式解决课改问题，使高校体育的创新能力进一步提高，将体育教学的性质从运动类提升至人文类，在运动的同时为学生提供自我思考与发展的空间。

2.确立以人为本的教学主导思想

高校体育通过教学改革呈现出一种以人为本的教学理念，将违背学生全面发展的原则与体系，把握不同时代的特点，在高校体育中体现人的本质与权利，将改革发展放在首位。高校体育教学改革强调学生的主观能动性，充分发挥学生对体育运动的潜能，梳理学生终身体育锻炼的健康意识，发挥体育的人文特点。

3.构建多功能高校体育教学体系

高校体育教学改革从课程结构、课程功能、课程内容、教学模式与评价体系五个方面着手，建立与发展具有中国大学生特色的科学思想与教学体系，使教学与时代相适应，与人性化理念相适应，为具有中国特色的高校体育课堂奠定基础，为中国新一代大学生提供更优质的课堂。

4.建立高校体育教学融入学术观点的改革趋势

高校体育改革从某种程度上来说，是对高校传统体育课堂地再剖析，取其精华、去其糟粕与多方面的学术观点相融合。包括生物化体育、人文化体育等等，将高校体育教学目的从完成测评转移到体质论思想的建立，无论哪一派别的学术观点，都从根本上反映了高校体育的教学思想——终身体育，全面发展素质教育。高校体育改革强调了教育的本质，将竞技转化为学科模式，实现了体育教学的过渡与转变。

二、我国高校体育改革目前存在的问题

（一）教学模式有待更新

随着我国高校体育教学改革的推进，教师在教学过程中能够逐渐以人性化视野去看待教学问题，但是教师在实际教学应用中依然存在一些问题。具体表现在实际教学中对人性化教学理念的理解、操作、理想教学模式之间存在着差异。由

于受到传统教学模式及教学方法的影响，教师在课堂环节中具有主动权和决定权，学生在课堂中只是被动地接受教师的安排。除此之外，高校体育教学因为公共课程，课堂人口基数庞大，教师一对多教学时缺乏一定的服务意识，直接导致教师的教学互动地位更加主动化，严重阻碍了课堂教学质量的优化。附某高校排球课教学案例：该高校排球课由教务处负责体育的老师共同确定教学模式，即排球发球、排球对颠以及摸线跑三方面内容，在一学期的排球课堂上，学生会长时间练习发球和对颠球，一学期的、排球课结束之后，对于排球的基本理论知识获知尚少，只收获了两个排球基本功。导致课后学生仍然无法进行排球场上的正常活动。老师主观规定学生的学习内容，该内容在体育教学中较浅显的情况时有发生，因此学生在体育课堂上除了练习基本功、完成期末考试，就没有思考与自由发挥的空间，对体育丧失兴趣，由于教学模式的固定化，高校

（二）教师队伍素质有待提高

高校体育教师队伍的问题主要表现在两个方面：

1. 人性化理念缺失。

在高校体育教学人性化理念提出之前，高校体育教学理念及教学目标等方面仍处于不断摸索前行之中。传统的高校体育教学状态因不具备人性化理念作为指导，使体育教学缺乏人性化管理。高校体育教师在学习与培训期间，都是相对简单的机械训练，教学理念不够新颖。导致教师在教学过程中对"以人为本"的教学理念缺失。

2. 宽松的考核制度使教师安于现状。

高效体育教师在教学过程中按照以往的教学模式一成不变地进行教学，不同于高中要求升学率因素的束缚，高校体育教学过于安于现状。在实际教学中，不

能紧跟时代的发展步伐，与时俱进地调整教学模式和自身知识结构，教师没有了后续学习的动力，体育教师的现状直接决定了高校体育教学的现状，阻碍了人性化理念的教学运用。人性化理念在高校体育教学中不断被推广，接受理念与应用理念直接存在着时间差，高校体育教学对于人性化理念目前处于理论认识阶段，未上升到实施运用。教师是教学改革行动的组织者，当教师对人性化理念认识存在缺陷时，高校体育改革终将是谬论，要想获得良好的课堂效果，必须进行规模化教师培训，提高教师综合素质，与时俱进地看待教育问题。

（三）教学评价体系有待完善

高校体育教学模块分类和体育教师的教学理念是影响教育教学中学生评价方式的两个重要因素。传统的高校体育教学通常采用集中评价的方式，以期末分数对学生进行定位。这种评价体系，直接导致学生只关注最终分数、学分，忽略教学过程中所获得的知识与技能，在一定程度上，转移了学生的学习兴趣，打击了学生学习的积极主动性。大学生的学习生活相对丰富，他们的成长受到诸多因素的影响，如果体育教学评价体系不能统一化、人性化，不能对学生做出公正而准确的评价。由于教学模块的分类，学生每学期都具有固定的考核项目，例如：篮球分为定点投篮、三步上篮、50米短跑等模块。这种固定的考核模块使考核体系十分单一，学生的学习兴趣也不浓厚。对于体育基础较差的学生来说，做不到收获最大化。建议在开课前增加一次考核，针对学期前后学生的进步及课堂表现进行综合评分，充分发挥体育教学的主观能动性、人性化，达到学生乐于运动，主动锻炼的效果。高校体育教学改革还存在体育课堂地位未落实、高校体育与健康课程未实现课程目标、"基本形式"与"辅助形式"需要重新认识等诸多问题尚待解决。只有形成人性化理念基础，才能实现高校体育课堂的优质化。

三、人性化的高校体育改革未来展望

（一）人性化视野下高校体育内涵解读

对于人性化的高校体育教学，首先是以人的需求为教学目的的体育运动传授。即为了满足人的自身需求，得到专业体育运动指导和训练。其次，高效体育教学的核心理念是满足高校学生的体育需求和学生综合素质全面发展，教师在教学过程中与学生处于平等地位。充分发挥人性化教学的本质，尊重学生、关怀学生。高校体育教育以人性化为出发点，根据人的成长规律来调整教育模式，做到弘扬人性、崇尚人性，促进学生全面发展，提高终身体育的意识。

（二）人性化视野下高校体育发展对策

1.加强教师学习与培训，提高教师职业素养教师是教学改革的主要组织者与实施者，高校体育教学趋于人性化，必须加强教师的服务意识与人性化理念，并在具体的教学环节中实施与改进。高校体育教师在入职后，应当精心进行职后学习，进行人文素养培训，正确理解教师在教学过程中所处的地位，倡导师生平等交流，课堂上多与学生进行互动，充分了解学生体育课程中的学习需求，配合教学改革与实践。在教师中渗透"以人为本"的教学指导思想，对学生进行理性引导，避免形式导致体育教育本质的缺失，不能用分数等硬性要求曲解体育课堂的真实目的。

2.营造人性化教学氛围教学氛围的缺失直接导致教学效果的减弱。人性化教学氛围通过体育资源设备硬环境和教师与学生互动软环境两个方面：体育资源设备硬环境，即体育教学中，体育设备与资源的充分利用，不断改善现有的教学条件，满足学生学习与锻炼的需求；教师与学生互动软环境，人性化氛围的营造重在教师与学生的交流与互动，倡导师生平等。教师虽然是课程设置与安排的主

体，但学生可以对其内容加以建议与补充，根据学生的真实需求，不断完善教学内容与教学模式。鼓励学生通过多角度、多方面进行教学创新与实践研究，使高校体育教学是师生相处融洽、学生学习轻松愉悦的人性化教学氛围。

3.建立科学的课程评价体系课程评价体系是高校体育教学改革的评测保障，课程评价体系是对学生学习态度、学习成果的综合评价，相对于传统的教学评价体系，改革中的高校体育教学应融入学生、教师双向评价，即学生在学期末也可对教师进行评价。将人性化理念融入评价体系之中，重视学生个体的学习进步程度和学习方式，进行多方面的综合评价。同时，课程体系需尊重学生个体差异，无论体育基础好坏都能够得到公正评价，激发学生的学习积极性，发挥主观能动性，培养学生良好的运动习惯，从体育锻炼中磨炼出顽强的意志，让学生在人性化视野下体育课堂中真正有所收获。

（三）人性化视野下高校体育发展模式

高校体育教学改革提出至今，经历了一体制、两段式、三段式及五三教学等多种模式，高校体育教学模式在不断地实践，愈加丰富与优化；因此，高校体育课程内容与资源不断开发，各高校开设的体育课程数量与种类逐渐增多，学生具有更多的主动权去选择自己感兴趣的内容。高校体育教学人性化理念越来越强，课程设置与学生的需求愈加贴近；随着体育设备与资源的优化，各相邻高校之间可进行区域资源共享，在资源利用最大化的同时，为学生提供更多的体育资源与学习内容。高校体育在人性化理念的推广下，不断进行实践创新研究，从传统的场地固定到走向自然与生活，例如：增加户外运动、军事体育课程等，学生的学习兴趣也愈加强烈。

（四）人性化视野下高校体育教学改革发展趋势与展望

随着我国社会文明的不断发展与进步，对于"以人为本"的思想渗透越来越浓厚，人是社会组成中最基本最重要的元素，人在受教育过程中应受到尊重，改革旨在改变传统教育中学生长期处于被动地位的状态。高校体育教学改革将经历从理论研究与实践实施的全过程，理论研究过程又分为理念形成与理念贯彻，将理念融入教学模式之中，做到人性化教学的推广。高校体育要想实现素质教育，促进学生全面发展，人性化教学是其改革的必然趋势，我国高校体育教学将逐渐实现人性化。

四、结论

根据1995年我国颁布的《全民健身计划纲要》，国家对各级院校体育教育的高度重视，同时，该文件也为高校体育教学改革提供政策保障。人性化教学理念在高校体育教学中的融入与运用能够改善传统教学过程中教师占主导地位的弊端，坚持以人为本，使学生成为学习的主体；适时考虑学生的学习需求与学习状况，摒弃以考试成绩和学分加减为目的的传统学习模式。对体育教师而言，人性化教学职后培训能够提高教师的人文素养，使其与时俱进地更替自身知识结构。将体育教学改革中的问题进行重新调整与解决，过去与将来对接。在国民经济快速发展的今天，教育改革随之获得新的进步。社会及教学工作者应正视现实，实现高校体育教学目标，提高整个民族的身体素养，承担时代的重任。

第三节　大学体育教学模式的改革

现阶段，改革大学体育教学模式已然成了高校体育教育改革的一项核心内容。我国越来越多的专家及学者在近几年开始研究高校体育教学模式，已经取得一定的成果。但是，目前依然很少研究到体育教学模式的优化整合上，这就导致很多教师难以有效适应当前多元化的体育教学模式。基于此，本文将主要探讨大学体育教学模式的优化问题。

一直以来，大学体育教学模式都作为一种可控制系统存在着，其主要涵盖了教学内容、教学方法、场地器材、操作程序、教师要求以及教学目标等因素，大学体育教学过程结构是能够将整个体育教学模式支撑起来的骨架，其能够充分体现出体育教学模式的稳定性。而实现大学体育教学模式优化主要指的是整体设计并优化体育教学活动中的诸多因素。相关实践表明，不管哪种教学系统，一定套对其结构及要素进行优化才可以体现出其整体功能的优化。本文将主要探讨优化大学体育教学模式的相关策略。

一、优化大学体育教学模式需从教学目标及内容着手

1. 明确目标

教学目标作为大学体育教学过程的起点及最终归宿，一定要在优化体育教学模式的过程中得到有效解决。主要是因为在整个大学体育教学中，对于教学手段的运用、教学结构的建立、教学方法的实施以及教学内容的组织来说，教学目标能够发挥其指导和统领性的作用。大学体育教学目标在一定程度上会受到教育教学目标、学校教学目标及学科目标的制约，如果要明确大学体育教学目标，那么久一定要对其的可操作性加以了解，并且体育教学目标之间都一定要具有明显的差异性和连贯性。将大学体育教学目标确定下来对于实施科学的教学评价、监控体育教学过程以及进行体育教学设计来说都是十分有利的。

2. 合理选择内容

现阶段，在大学体育教学过程中，其教学内容已经成为最重要也是最基本的组成部分，同时也已经成为实施体育教学目标的载体。不管是教师还是学生，其能够直接接触到的材料就是大学体育教学内容，教学内容是否受到学生喜爱将会对教学目标完成的质量产生直接的影响，因此，高校一定要对体育教学内容形成高度重视，一定要认真并且仔细地选择教学内容，而且所选择的教学内容应该要具备较强的可学习性，只有这样才能受到学生的欢迎。

二、优化大学体育教学模式的有效策略探究

1. 对体育教学方法进行灵活运用

体育教学方法具体指的是教师和学生在进行大学体育教学的过程中，为了完成课堂教学目标所做出的一些行为方式。体育教学方法一般包括：在教师的指导下，学生所展开的体育知识和技能的学习行为；在自身的教学课堂中，教师所表现出来的行为活动方式等。优化大学体育教学方式有助于让所选择的体育教学内容与学生当前所具备的基础水平相适应，促使当代学生可以在较短的时间里对较多的体育知识及技能进行掌握。此外，还可以全面地对大学生进行思想政治道德方面的教育，最终使其能够实现德智体的全面发展。

2. 科学设计体育课堂教学结构

体育教学课堂结构的设计出了对规定时间内和规定空间内的各个教学活动的具体环节及步骤做出具体安排，更加需要将体育教学目标、教学内容及教学方法有效地体现出来。相对而言，大学体育教学课堂结构是比较复杂的一个系统，高校体育教师在对体育教学课堂结构进行优化的过程中应该要着眼于整体，不能仅仅做到局部优化，因为只有这样，菜可以促使大学体育教学结构中的各部分之间实现相互协调及相互促进。

3. 将教师的主导作用即学生的主体地位充分地发挥出来

大学体育教学的特点在当前这种形势下已经慢慢从教师为主往师生合作或者

是为学生服务的方向转化。在教学过程中尤其强调学生要积极并且能动地参与到体育教学过程当中，并且要求体育教学一定要充分发挥出自身的主导作用，充分激发出学生对体育学习的积极性极其热情，在教学过程中要坚持以学生为本的基本原则，充分地将大学生在体育教学中的主体地位体现出来。

4.以终身体育为指导思想

不断进步的科技以及不断变革的社会都会直接影响到人类的身心及生活。在大学生的教育教学内容当中，体育教学已经逐渐成为一个十分重要的组成部分，其在改善人类身心健康的问题上承担着非常重大的责任。为此，大学体育教学一定要实施素质教育，并有机结合健康第一和终身体育的思想。然而，在实施素质教育的过程中，如果想要学生的创新意识和体育能力得到提高就一定要完善体育教师的教学理念、教学方法、教学内容及教学评价等，一定要让学生形成科学的体育教学思想。创新意识有助于大学生对不断变化的社会形成良好的适应性，还可以促使其自身的体育能力得到提升，并且有助于其在今后的工作中更好的从事科学的体育锻炼。

三、结语

总之，高校体育教师在进行体育教育教学的过程中，如果能够有效地对其教学模式加以优化，那么对于学生学习体育来说是非常有帮助的，不仅能够让其得到科学的训练，同时还能够促使其对体育教育形成更加科学的认识，增强其对体育教育的热情和积极性。